給料・年金以上の家賃収入も夢じゃない!!

3つの投資でめざせ「サラリーマン資産家!」

木下尚久 著

20代は自己投資
30代は証券投資
40代は不動産投資

アーク出版

はじめに

前著『サラリーマンは50歳からがマンション投資の始めどき』では、私の個人的体験をもとに50歳から始めたマンション投資で資産形成し、充実したセカンドライフに至った経緯を述べました。それなりに反響もあり、本を読んだ50歳前後のサラリーマンでマンション投資を始めた方もいたようです。

少しでもお役に立てたとすれば、これほどうれしいことはないのですが、あとになってみると、まだまだ伝えきれなかったことがあるのに気づきました。というのは、多くの人にとって投資についての理解が不足しているのではないかと感じたからです。

いろいろな人とお話ししていると、

「新NISAが話題になっているけれども、自分には関係ない」
「投資はプロやセミプロの人たちがやるもので、初心者がやっても損をするだけ」
「マンション投資にはネガティブな情報があってうさんくさい」

などの言葉が返ってくることが多く、すんなりと話を聞いてくれる人はまだ少数派だったからです。私がマンション投資をしていると知ると、驚きとも困惑ともとれるような複雑な表情をする人もいました。

本を読んで感想をくれた人でも、自分にはむずかしそうとか、「いまはちょっと……」と口を濁して、すぐに投資に踏みきれない人が多いのも事実です。このように、まだまだ日本では投資というものが一般には根づいていないと実感します。特にサラリーマンは仕事を一生懸命やって給料を稼ぐのが基本で、投資など本気を出してやるべきものじゃないと思っている人が多いのではないでしょうか。

しかし私は、「サラリーマンこそ投資をすべき」だと思っています。


サラリーマンが安定した職業である時代は終わりました。年功序列・終身雇用は幻となり、実力のある人は昇進やスカウト転職をしてキャリアアップしていく一方、平凡なサラリーマンには給与や人事面で厳しい未来が待っているという二極化が進んでいます。会社自体も異業種からの参入やM&Aなどの荒波にさらされています。

このような時代に、サラリーマンといえども会社に収入を依存せず、副業や投資で副収入を得ることが必要になっているのです。

私が懸念しているのは、投資を十把一絡げにとらえて、あやしい、危ないと思い込んでいる人が多いということです。

そもそも投資にリスクがゼロということはありません。そのリスクも低いものから高いものまでいろいろで、リスクによってリターンも違ってきます。基本的にリスクとリターンは連動していて、ローリスクにはローリターン、ミドルリスクにはミドルリターン、ハイリスクにはハイリターンがともないます。

ですから、その人のリスク許容度によって、その人に適した投資というものがあるのです。証券会社に証券口座を開くときに投資方針というものを訊かれますが、リスクはできるだけ負いたくないのであれば国債に、ある程度は負えるのであればインデックスファンドの投資信託に、もっとリスクがとれるのであればアクティブファンドの投資信託や個別株に投資すればいいのです。

絶対にリスクは負いたくないのであれば、リターンはほとんどありませんが現金や預貯金で持っていればいいだけです。もっとも現金や預貯金はインフレになると価値が目減りし、現金では盗難のおそれもあります。預貯金は詐欺電話でだまされたり個人情報をハッキングされて引き出されたりするおそれもあり、完全にリスクゼロではありませんが……。

不動産投資についても同じです。アパート投資がいいという人もいれば、区分マンション投資がいいという人もいます。一戸建てがいいという人もいれば、マンション一棟ものがいいという人もいます。それぞれ自分なりのリスクとリターンを勘案して投資し、成功を収めている人がいるのです。自分に合うかどうかは自分で決めればいいのです。

いろいろな投資本を読むと、その著者の価値観によって「あれは危ない、あれはやめとけ」と書いてある例が見られますが、それは他の人に押しつけるべきではないと思います。その著者にとってはそうであっても、読んだ人がそれを信じて避けてしまったら、その人の選択肢が狭まってしまうのではないでしょうか。

投資にもいろいろな種類があり、投資方法もさまざまです。リスクとリターンも千差万別です。その中から自分に合った投資を適切な方法で行うことが大事なのです。

どんな方法をとるにしろ、それが自分の投資方針に合っていれば、その人にとっては適切な投資であり、資産を増やすことはできるのです。

ちなみに資産を増やすことは、お金持ちになることと同義ではありません。お金持ちになって贅沢な暮らしを夢見る人もいますが、それを上回る高収入が続かないかぎり、それは一時の散財にしかすぎません。

これに対して、資産を増やすことは「安心と自由」を買うことです。安心は高級品と違って目には見えませんが、給料以外に収入をもたらしてくれる資産を持っていれば、不測の事態が起きたときでも生活を守ってくれます。ふだんよりちょっと質の高い毎日を過ごすことができますし、自分の好きなことを好きなときにする自由が手に入ります。

投資をする前に、まずこの混同をしないことが大切です。一生遊んで暮らせるような豪華な暮らしを目標にしてしまうと、大きなリスクをとって失敗するとか、投資詐欺に引っかかることにもなりかねません。

「足るを知る」といいますが、まずは自分にとってどれくらいの資産があり、そこから得られる収入がどれほどあれば安心して生活できるのかを決めておくといいでしょう。他人と比較する必要はありません。自分にとって足りるかどうかを判断すればいいのです。

お金というのは不思議なもので、人を見るのです。大金にふさわしくない人が大金を手にしても、お金は早晩その人の手を離れていきます。宝くじの一等に当選した人が数年後にはお金がなくなってしまったという話を聞きますが、お金の貯め方、増やし方、使い方を知らなければお金から愛想をつかされてしまいます。

裕福な人はお金をたくさん持っていると考えがちですが、そうではなく、収益を生み出す資産を持っているのです。大事なのはお金より資産です。お金があっても使ってしまえばなくなってしまいますが、資産があればお金を使ってもまた生み出してくれます。ですから、お金持ちではなく資産家をめざすべきなのです。

本書はそうした投資やお金にまつわる誤解をなくしていただき、投資に迷っている人が一歩踏み出す手助けになれば、と思ってまとめました。よくある投資本とは毛色が異なっているかもしれませんが、最後までおつきあいいただければ幸いです。

２０２４年12月

木下　尚久

目次

3つの投資でめざせ「サラリーマン資産家！」

第1章 人生をポジティブにする自己投資

第2章 長期で取り組む証券投資

終章 3つの投資で経済自由人に！

編集協力／菱田編集企画事務所・シニアテック研究所
組版&DTP／イノウエプラス
カバー装丁／NONdesign（小島トシノブ）
カバーイラスト／タオカミカ

序章

なぜ投資をするのか

1

なぜ、サラリーマンこそ投資をすべきなのか

「はじめに」で、私は「サラリーマンこそ投資すべき」と述べました。なぜそう思うのか。一つには、サラリーマンはすでに安定した職業ではなくなっているからで、これはすでに触れたので割愛します。

もう一つは、投資の目的は金儲けだけではないということです。投資をすることによって企業や人をサポートし、世の中を良くすることも目的の一つです。

1-1
投資の目的は金儲けだけではない

たとえば株式投資であれば、企業の株を買うことでその企業の価値を高め、よい経営がなされているのかを株主としてチェックすることができます。不動産投資であれば、賃貸物件を通して入居者に居住環境を提供することができます。投資で動くお金はさまざまな

かたちで社会に還元され、経済を活性化していきます。

日本の家庭では、資産の配分は現預金が約54・2%、株式・投資信託が約15・4%、残りが保険・年金などです。これが米国では現預金が約12・6%、株式・投資信託が51・0%、残りが保険・年金などです。保険・年金などの割合にあまり違いはありませんが、現預金と株式・投資信託の割合が逆転しています（2023年日本銀行調べ）。

資産の多くを現預金で持っているというのは、どうなんでしょうか。現金はそれだけでは1円の利益も生まず、預金にしても利息は微々たるものです。それでもまだ預金であれば銀行が運用し、そのお金が世の中を回っていますから役立ってはいるでしょう。しかし、現金は金庫やタンスにしまっておけば世の中には出回らず、社会の役には立ちません。

日本の経済停滞の原因の一つは、この現預金比率の高さにあるのではないでしょうか。同じく2023年の日銀の調査によると、日本人の持つ現預金は1117兆円で、前年より増えています。いかに日本人は現預金信仰が高いかがわかります。これは戦後、預貯金を奨励した国の政策や、損失を出すことを極端に恐れるリスク回避思考が日本人に根づいていることが原因です。その思考を転換し、この1割、2割でも投資に回せば経済はもっと活性化するでしょう。

わずか1%でも11兆円です。インパクトの大きさがわかると思います。現預金から投資に回すお金を増やすことによって、自分だけでなく社会全体も豊かになるのです。

1-2 投資の目的は自己実現にもある

もう一つの投資の目的は自己実現にあります。誰しもこんなことをしたい、あんなふうになりたいという夢を持っていることでしょう。その自己実現をかなえるエンジンになるのが投資です。

サラリーマンはよほどの高給取りでないかぎり、給料だけでは人並みの生活をして家族を養うだけで精一杯のはずです。誰しもやりたいこと、なりたいことの理想や夢を持っていると思います。しかし、それを100%実現することなくあきらめてしまっているのが現実ではないでしょうか。

投資にはあきらめている夢を実現する力があります。給料にプラスする収入を得ることで、それが可能になるのです。大事なのは、雇われるという時間を切り売りする方法ではなく、自由を確保しながら収入を得る道を探ることです。

投資には自分に投資する「自己投資」というものもあります。これは将来の自分に向けてお金を使うという行動です。あとで詳しく述べますが、これも収入を増やし自己実現するための投資の一つだと考えています。

投資には、次の三つの目的があります。

・給料にプラスする収入を得る
・経済活性化の一助となる
・自己実現をかなえる

金儲けして遊んで暮らすのが投資の目的ではありません。社会に貢献しながら自分の価値を高め、夢を実現していくのが目的なのです。

1-3 お金は人生を豊かにし、自由を得るために必要な条件

経営学者のピーター・Ｆ・ドラッカーは、企業の利益について、「企業の目的は利益で

はない。利益は企業が存続し顧客に価値を創造し続けるために必要な条件である」といった趣旨のことを述べています。私は、お金についても同じような言い回しができるのではないかと考えています。すなわち、「人生の目的はお金ではない。お金は人生を豊かにし、自由を得るために必要な条件である」と。

利益だけを追求する企業が長期的には繁栄しないのと同様に、お金が人生の目的になってしまうと、短期的には成功しても長期的に成功し続けるのはむずかしいのでしょう。お金に固執するあまり、本来の目的である自由を失うこともよくある話です。

人間、自由であることがいちばん幸福だと思っているのですが、ここでいう自由とは、

・誰からも束縛されずに考え、行動できる自由
・時間を自分の優先事項に使える自由
・好きなときに好きなことができる自由（もちろん社会常識の範囲内で）

といったようなことで、自由を得るためにはそれなりのお金が必要だと思うのです。そして、それを実現するための手段が投資なのです。

2 投資をすれば、生き方が変わる

投資をすることで生き方が変わります。投資をすることで経済的自由を手に入れ、好きなことをして暮らしていけるかもしれません。私自身、投資をしたことで生き方が大きく変わりました。経済自由人として、好きなときに好きなことをして毎日を過ごしています。この生き方は、サラリーマンひと筋で人生を送っていたら、なかなかできない生き方です。では、どうしたら生き方を変えることができるでしょうか。

2-1 資産形成するために必要な「三つの力」

まず、投資やお金に対する間違った常識（投資はお金儲けのためにやるもの、お金は人生の目的）をリセットすることです。

次に、資産形成するための「三つの力」を身につけることです。

⑴稼ぐ力

これはビジネス全般に用いられる営業力やプレゼン力、語学スキル、マーケティングやプログラミングのスキルなど、自分の仕事から生み出される付加価値です。その成果が報酬となって、お金を稼ぐことができます。

これらは人的資本ですが、それ以外にも人脈やネットワークをどれだけ持っているかといった社会資本、不労所得を生み出す金融資本や収益資産などがあります。

⑵貯める力

いくら稼いでも、湯水のように使ってはお金は残りません。大成功したのに豪奢な暮らしをして自己破産してしまう有名人などが典型的な例です。

貯める力をつけるには、節約術を身につけること。支出を収入内に抑え、お金を貯めることが大事です。

⑶増やす力

お金がある程度貯まったら、それを増やすことを考えます。これが投資術です。投資術

資産形成のサイクル

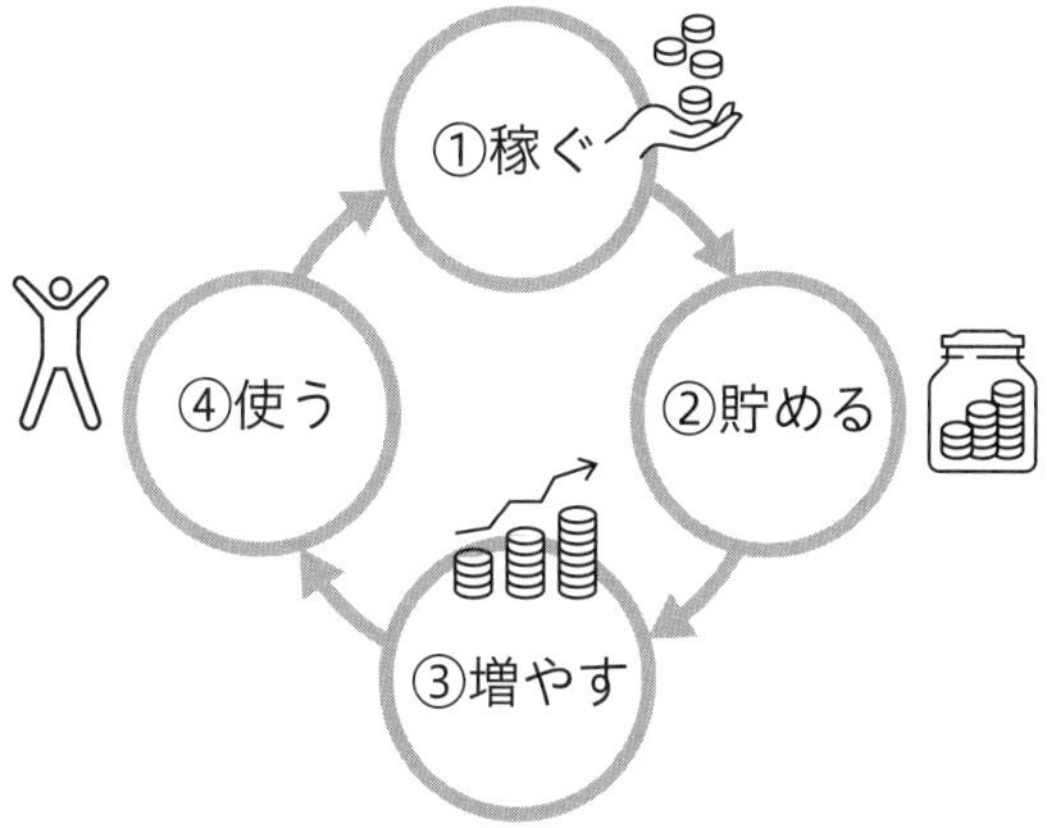

によって、元のお金が増える仕組みをつくるのです。

増やすことが稼ぐことと根本的に違うのは、稼ぐとは「時間と体力を投入してお金を得る」ことに対し、増やすとは「時間も体力も使わずにお金を得る」ことです。

この三つの力のどれか一つでも欠けていると、資産形成にはつながりません。

上図のサイクルを回すことによって、資産が着実に形成されていきます。

よくあるパターンは、図の①で、お金が稼げるうちはいいのですが、稼げなくなったらすぐにお金はなくなります。

また、堅実な人は、図の②まではやっていると思いますが、貯金するだけではたいして利息もつかず資産形成にはつながりません。貯めたお金で収益資産を購入することで、③の「増やす」ことができるのです。このサイクルが回り始めると、増えたお金でさらに資産を購入することができ、それがさらにお金を増やします。そのため、たとえお金を稼ぐことができなくなっても、お金はすぐに減っていきません。

お金を増やすことが常態になれば、④の「使う」ことが自由にできるようになります。増えた分だけお金を使っても、また増えていくから安心していられるのです。これが理想の経済状態であり、安定した生活を手に入れる方法なのです。

2-2 資産形成には使い方も重要

「稼ぐ」「貯める」「増やす」と同様に重要なのは、「使う」です。稼いで貯めて増やしたお金も、使い方次第でなくなってしまいます。では、どんな使い方がよいのでしょうか。

使い方には大きく分けて「消費」「浪費」「空費」「投資」の四つがあります。

「消費」とは、必要なもの、必要なことのために使うお金です。生活に必要な食費、住居費、衣料費、水道光熱費、交通費、医療費、税金などです。これらは使わずに生きていくことはできませんが、コストを意識し、よいものを長く使ったり節税したりすることで節約することはできます。

「浪費」とは、ぜいたく品や見栄のための支出です。「消費」の項目であっても、生活レベルに見合わない高額の支出はこちらになります。これを続けていると、いくらお金を稼いでも、いっこうにお金が増えていきません。たまにぜいたくをするのは問題ありませんが、それが生活パターンになるのは厳に戒めなければいけません。

「空費」とは、ムダづかいです。3パックのまとめ買いが安いからといって、買っても使い切れずに捨ててしまう。コンビニに立ち寄って、買おうと思っていなかったのに衝動買いしてしまう。テレビショッピングで購入したけれど、1回使っただけで埃をかぶっている。これは資源のムダづかいにもなります。使ってもなんの見返りもありません。

「投資」とは、お金に働かせることです。お金は現金で置いていても何も生み出しませんが、投資すればお金がさらにお金を生み出してくれます。四つの使い方の中で唯一、お金を増やせる使い方です。

2-3 投資家になるための6ステージ

お金を増やすためにもっとも現実的なのは、投資家になることです。そういわれても、サラリーマン生活にどっぷりつかっていたら、イメージがわかないかもしれません。

不動産投資家の伊藤邦生さんは著書『年収1000万円の貧乏人　年収300万円のお金持ち』（KADOKAWA／中経出版）で、投資家になるための道のりを六つのステージに分けています。とてもわかりやすいので左図に示すとともに、内容をシェアしておきます。

①アリのステージ（資産家の奴隷）

・日々の暮らしに精いっぱい。毎月の給料でカツカツの生活
・入ってくるお金はすべて使ってしまう
・貯金はほとんどない。または生活をしていくために借金をしている

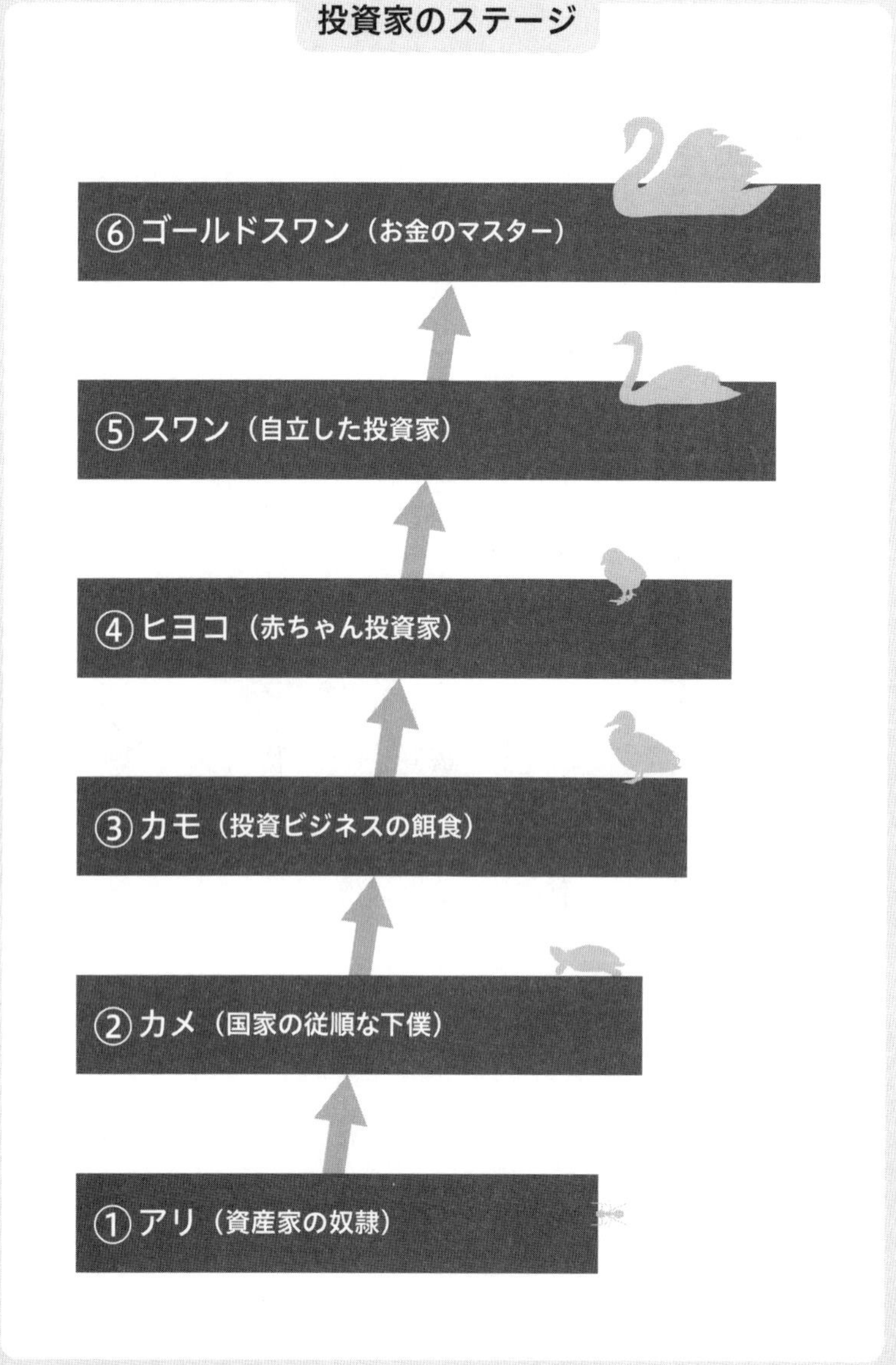
投資家のステージ
⑥ゴールドスワン（お金のマスター）
⑤スワン（自立した投資家）
④ヒヨコ（赤ちゃん投資家）
③カモ（投資ビジネスの餌食）
②カメ（国家の従順な下僕）
①アリ（資産家の奴隷）

・働けなくなると、すぐに生活ができなくなる
・「お金を計画的に使う」ことを考えたことがない

②カメのステージ（国家の従順な下僕）

・おいしい投資話はすべて怪しいので近づかない
・「投資で儲けられるのは一部の人だけだ」と思っている
・毎年、着実にお金が貯まるのがうれしい
・貯めたお金は、住宅購入の頭金にしたいと思っている
・投資は少しやったことがあるか、まったく経験がないかのどちらか

③カモのステージ（投資ビジネスの餌食）

・儲かりそうな投資話が大好きで、いろいろな案件に目移りする
・「流行の投資」が気になる
・「次こそは儲かる」と信じて、熱心に投資セミナーに通い詰める
・「元本保証の高利回り」「マル秘案件」という言葉にひかれてしまう
・ビギナーズラックで、たまたま儲かった経験が忘れられない
・「いましかありません」「あなただけのチャンスです」という言葉に弱い

④ヒヨコのステージ（赤ちゃん投資家）

・1～2種類の投資のみに取り組んでいる
・いままでの収支はトントンか若干のプラスマイナス
・1年以上、一つの投資に取り組んでいる
・なんとなく自分の得意な投資分野を理解している
・勉強熱心で、必要であれば数万円もする投資セミナーへも学びに行く
・さまざまな投資に手を出すことの弊害を理解している

⑤スワンのステージ（自立した投資家）

・自分の得意な投資が一つ以上ある
・得意な投資で、安定的に資産を増やすことができる
・人のアドバイスは聞くが、自分の判断がぶれることはない
・一つの投資分野に、2～3年は特化して勉強している

⑥ゴールドスワンのステージ（お金のマスター）

・働かなくても一生、生活に困らない
・ほかの投資家よりも有利な条件で投資に参加できる

・優良な投資案件があれば、銀行やほかの投資家からいつでも資金を集めることができる
・ブローカーが優先的に優良案件を持ってくる

さて、あなたはいまどこのステージにいるでしょうか。アリやカメやカモのステージだったら要注意です。生き方を見直したほうがいいかもしれません。ゴールドスワンのステージはむずかしいにしても、スワンのステージまでには上がりたいものです。しかしまずはヒヨコのステージをめざしてみましょう。

2-4 お金持ちの3タイプ

投資の効能は、サラリーマンでもお金持ちになれるということです。たんに「お金持ち」というと、多くの人は単純に「お金をたくさん持っている人」と考えます。ただし、ひと口に「お金持ち」といっても、種類があるのです。

たとえ話ですが、ここに3人のお金持ちがいるとします。

Aさん……年収の高い人

Aさんは年収の高い人。Aさんのようなカテゴリーに入るのは、外資系のビジネスマンや開業医、弁護士など、能力も高く成果報酬も多い人たちです。生活水準も高く、高級マンションに住み、高級外車に乗り、グルメやショッピングにもお金をかける。

ただ、仕事が忙しく自由な時間があまりありません。また、収入に対する支出の割合も大きいので、経済情勢が変わったり酷使した身体を壊したりして、収入が途絶えたら困窮してしまうのが少し気がかりです。

Bさん……宝くじで3億円を当てたラッキーな人

Bさんは宝くじで3億円を当てたラッキーな人。一夜にして想像もしていなかった大金持ちになりました。さっそく会社を辞め、家を新築したりクルマを買ったり旅行に行ったりしましたが、収入は1回こっきりなのであとは減っていくばかりです。

それでも、1億円使ってもまだ2億円もあると考えると気が大きくなり、豪遊グセがついてどんどん使ってしまいます。いつか使い終わってしまうのではないかと、ちょっと不安に思っています。

Cさん……ふつうのサラリーマン

Cさんはふつうのサラリーマンですが、こつこつと貯めたお金で収益を生む資産を購入し、そこから得た利益を再投資に回すことで、10年後には給料に頼らなくても困らない収入を得ることができるようになりました。不労収入なので、自由な時間はたっぷりあり、旅行でお金を使っても旅行している間にその分のお金が入ってきます。

もちろん、定年退職後も投資した資産が定期的な収入をもたらしてくれるので、老後の不安もありません。

さて、この3人のうち、どの人がいちばん現実的にめざすべきなのでしょうか。

Aさんタイプは才能や資格がないとなれませんし、なったとしてもそれなりに一生懸命働かなければなりません。

Bさんタイプは、そもそもなれる確率が低いですし、なったとしてもお金に振り回される生活になりかねません。

Ｃさんタイプは、特に才能も要らず、投資思考さえあれば誰にでもなれます。なってしまえば、安定した収入と自由を得ることができます。

エリートでもない平凡なサラリーマンは、Ｃさんタイプのお金持ちをめざすのが現実的です。というより、長続きするお金持ちはＣさんタイプしかいません。

Ａさんタイプは、栓を抜いた浴槽に水をジャバジャバ入れているようなものです。勢いよく水を入れても、どんどん抜けていきます。勢いが弱ったら、浴槽の水は減ってしまいます。高額収入を得ているスポーツ選手がケガで引退すると、数年後には自己破産してしまったなどはＡさんタイプで、よく聞く話です。

Ｂさんタイプにしても、数年間で賞金を全部使ってしまったという話も耳にします。両方とも、お金があるときに浪費せずに収益を生む資産を購入していればよかったのです。そうすれば本業の収入が減ったとしても、お金を使いきったとしても、収益資産が次の収入をもたらしてくれたはずなのです。

2-5
お金持ちはお金をリスペクトしている

お金は感謝の気持ちがかたちになったものだと思っています。謝礼はまさしくそうですし、ビジネスにおいても、取引して利便を得ることに対してお金を支払うので、広い意味で感謝の気持ちがかたちになったものといえるでしょう。

だからこそ、「金」に丁寧語の「お」をつけて「お金」と呼ぶのです。その意味では、感謝のともなわない「金」は「お金」ではないのです。

たとえば、人をだましたり盗んだりして得た金。これは「お金」とは呼びません。では、何というか。「カネ」です。

強盗が銀行や店に押し入ったとき、「カネを出せ」とはいいますが、「お金を出せ」とはいいませんよね。強盗はその金に感謝の気持ちを持っていませんから、「お金」とはいわないのです。「お金」と「カネ」は、見た目は同じでも、まったくの別物です。

「お金」は持っている人や渡した先を豊かにしますが、「カネ」はそれに関わる人を不幸にしたり心をすさませたりします。

これって、幸せなお金持ちになるためにかなり重要な認識だと思います。「お金」も「カネ」も同じだと思っていると、成功して「お金持ち」になるはずが、間違って「カネ持ち」になると、ストレスで体を壊したり家庭が崩壊したりします。揚げ句は長続きせずに、またもとの一文なしになったり、逆に借金を抱えたりすることになったりするのです。

そうならないためにも、感謝の気持ちとしての「お金」を意識することが必要なのです。お金を得たり使ったりするときに「ありがとう」といえるかどうか考えてみることは、すごく大事です。もしお金に心があったら、使い方が荒い人や「お金なんて汚い」と思っている人には長居しようとするはずがありません。

お金を活かそうとしない人にも、お金は居たがりません。あなたのお金は、預貯金口座にぬくぬくと座り込み、年率1％にもならない稼ぎしか上げていない怠け者ではありませんか？

そんな不届き者がいたら、尻を叩き、旅をさせましょう。といっても、たんに消費したのでは行ったきりになります。投資をして、必ず「戻って来いよ」と送り出してあげるのです。

行ったきりで行方不明になるお金もあるでしょう。しかし、いい働き場所を見つければ、大きく成長して仲間を連れて戻ってくるはずです。

そういう意味では、お金持ちはお金をリスペクトして投資によってお金を成長させているからお金持ちなのです。

まだネット決済やキャッシュレス化が普及する前の話です。お金持ちの中には一万円札にアイロンをかけてシワを伸ばしたり、高級な長財布にお札の向きを揃えて入れたり、預金通帳を毎日開いて見るのが習慣の人も多かったそうです。

2-6 経済的自由の本質は「お金」と「時間」

Cさんタイプの人は経済的自由を持っています。経済的自由というのは、お金を持っているだけではありません。自由になる時間も持っているのです。Aさんタイプと比べてみればわかります。

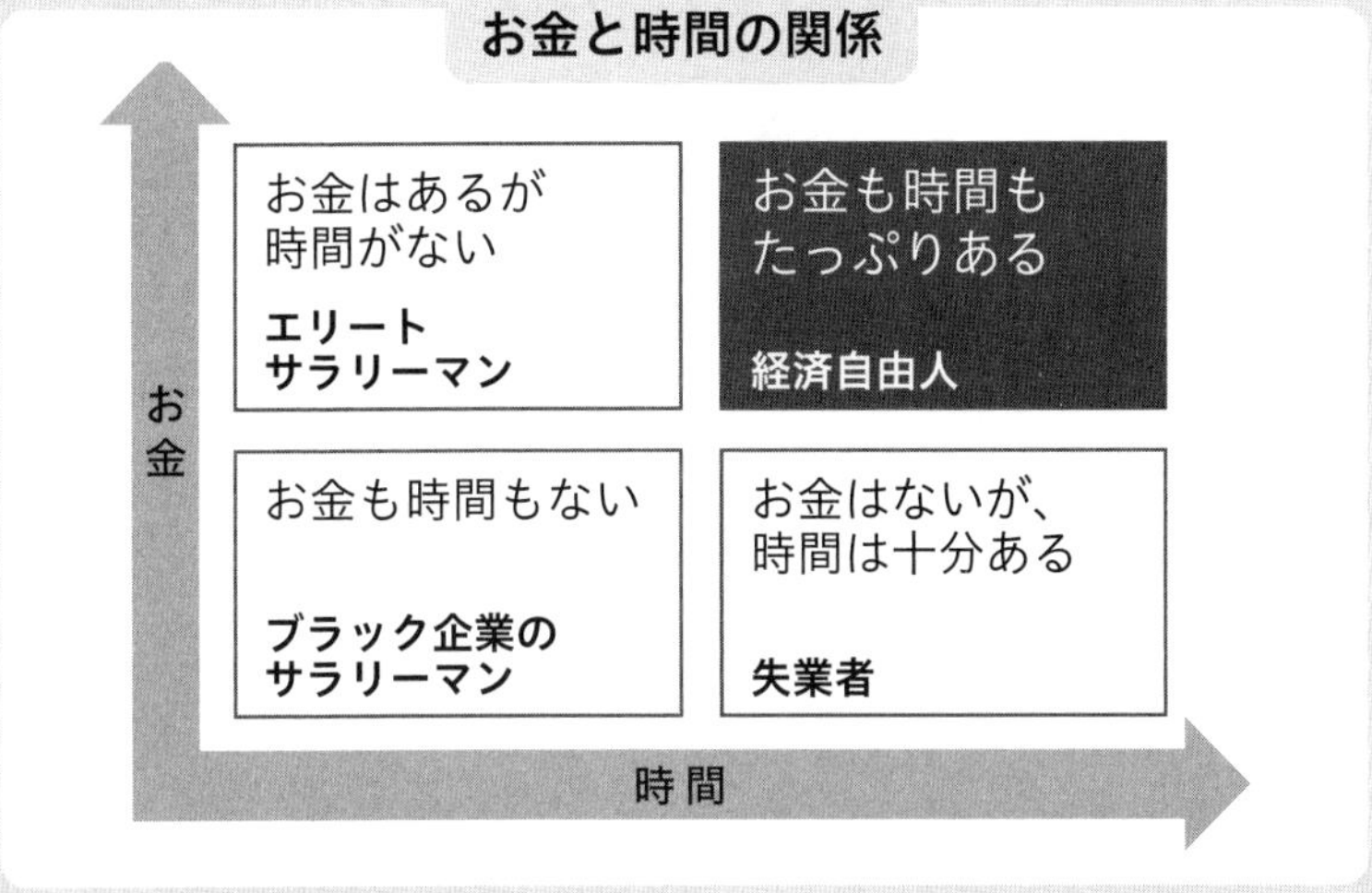

方程式にしてみると、

経済的自由＝お金＋時間

なのです。

「お金」と「時間」でマトリクスをつくってみると、上図のようになります。

お金も大事ですが、時間は取り返すことができないからもっと大事です。両方そろって経済的自由を手に入れられるのです。

その人の価値観にもよりますが、エリートサラリーマンをめざすことが必ずしも正解でないことがおわかりいただけたでしょうか。

2-7 サラリーマンがやるべき三つの投資

サラリーマンができる投資には、大きく分けて3種類あります。

●証券投資

株式や債券、投資信託などに投資するもっともポピュラーな投資といっていいでしょう。

●不動産投資

証券投資に比べて難易度は高めですが、定期的・定額的な収入を得る点ではこれに優るものはありません。

●自己投資

最後にもう一つ加えておきたいのは自己投資です。誰にでもすぐできて、生涯にわたって効果が持続します。

この3種類の投資をすることによって、次のようなステップを踏むことができるようになります。

①会社での評価が上がり給料が増える

▼

②副収入が入ることで給料に依存しない生活が可能になる

▼

③やがては会社を辞めても暮らしていけるようになる

▼

④好きなことをして生きていける経済的自由が手に入る

サラリーマンが投資をするべき理由がおわかりいただけたでしょうか。
それでは次に、いま述べた三つの投資について具体的な説明をしていきましょう。

第1章

人生をポジティブにする自己投資

1

なぜ、自己投資から始めるのか

投資のうち、最初にやるべきことは自己投資です。いきなり証券投資や不動産投資から入っても、うまくいくわけがありません。

投資には知識に加え分析力、判断力、忍耐力などが必要です。まず、それらを総合的に培っていかなければいけません。「自分は証券投資や不動産投資は絶対にイヤ。やろうとは思わない」という人でも、自己投資だけはやったほうがいいでしょう。

1-1

自己投資は「自分に自信をつける作業」

自己投資をやるべき理由は、自己投資はローリスク、ハイリターンの投資だからです。

自己投資で得た知見は自分の脳にインプットされますから、誰かに盗まれる心配はありません。いったん身についたら容易になくなることはなく、将来必ず役に立つものだからです。

極端な話、自己投資だけでもサラリーマンで年収１０００万円をめざすのは可能です。自分の価値を高めることで出世と昇給をねらえばいいのです。

３種類の投資の中で、自己投資は若いうちにやっておいたほうがよいと思います。順番でいえば、20代は自己投資、30代からは証券投資、40代からは不動産投資というイメージです。もちろん、もっと若いうちからそれぞれの投資を始めてもかまいませんが、おおよそこのような時間軸で考えるといいでしょう。

なぜ20代に自己投資かといえば、多感で何でも吸収できるときに、いろいろな知識を得たり、日常生活とは違う体験をすることで自分の可能性を高めたりすることができるからです。

自己投資はローリスク、ハイリターンですが、すぐリターンが得られると期待してはいけません。自己投資が熟成して成果を出すまでには、５年、10年単位の時間がかかります。それまで自己投資にかけるお金は持ち出しになるでしょう。

しかし、将来大きなリターンをもたらすのは間違いありません。20代のうちは働いて稼ぐ体力があるのですから、あまり貯金を増やそうなどと思わずに、どんどん使ったほうがよいと思います。もちろん浪費はダメです。あくまで自己投資に使うということです。

では、具体的にどんな投資対象があるでしょうか。

自己投資とは、自分の可能性を高めて将来のリターンを増やすための行動です。たとえば読書やセミナーで生きた知識を増やし、成功した人の考え方や行動を手本にする。国内・海外の知らないところへ出かけていって見聞を広める。食習慣を改善する、フィットネスで健康な体を維持するのも自己投資です。

こうした自己投資によって、非金銭的なリターンも期待できます。私は、自己投資とは「自分に自信をつける作業」だと思っています。成果を考えず、ただひたすらコツコツと自己投資を続けていけば、根拠のない自信がわいてきます。「これだけやったのだから、何かできるはずだ」と思えてくるのです。

また、毎日自己投資を意識づけていると、日々の生活に張りが出ます。「ああ、今日も夢に一歩近づいた」という、階段を1段ずつ昇るような達成感。そんな毎日が夢にたどり着くまでの人生をポジティブにしていきます。

1-2 自己成長のための「3K」

自己投資をするためには、まずマインドセットが必要です。これまでまわりに流されてなんとなく過ごしてきた生き方を改め、すべての行動を自己投資にフォーカスしなければ長続きしません。また、成果も出せません。そうならないためのポイントを「3K」として私なりにまとめました。

仕事で「3K」というと、「きつい」「汚い」「危険」な作業のことですが、自己成長の3Kは、「きっかけ」「気づき」「行動」です。

(1)きっかけ

まず「きっかけ」です。自己成長のためには、きっかけが必要です。本を読んだり、人に会ったり、どこかへ行ったり、何かをやってみたり。あるいは、もっと小さなことでもかまいません。レストランでいつもと違うメニューを頼んでみたり、いつもと違う道を歩いてみたり。そうしたきっかけを意図的につくることによって、脳に刺激を与え、それが次の「気づき」につながるのです。

⑵気づき

きっかけがあっても、そこで何も感じずスルーしてしまったら進歩はありません。そこで気づきを得ること。そのためには、ふだんから目的意識、問題意識を持っている必要があります。それがあるから、目にしたこと、耳にしたこと、感じたことについて、「あっ、そうか！」と自覚できるのです。

たとえば、ふだんは気にもとめていない郵便ポストでも、投函する必要があるときにはポストの赤が目に入ってきます。これは「カラーバス効果」と呼ばれるもので、特定のことを意識し始めると、日常の中でその特定のことに関する情報が自然と目にとまるようになる現象のことです。

この心理現象を利用するわけです。

⑶行動

いくら気づきを得たからといって、行動に移さず何もしなければ成長はできません。気づいたことに対して、なんでもいいから行動を起こす。手帳に記録するのでも、SNSで発信するのでもいいでしょう。確かめに行くのでも、真似をするのでもかまいません。それが空振りに終わろうと、失敗しようとかまわない。とにかく、やってみることです。

この3Kを高速回転させることで、自己成長がなされるのです。やってみれば自分のまわりで起こるすべてのことに意味があり、それをどうとらえて自分の糧にしていくかを実感できるようになります。出来事や事実だけだったら、そのこと自体はなんの意味も持ちませんが、そこに自分なりの意味づけをすることによって貴重な体験に変わるのです。

日々の出来事や行動は自分が自己投資として考えているかぎり、意味のないものはありません。それを365日、何年も回していくことで自己成長につながるのです。

1-3 日々の小さな自己投資の積み重ねを

「お金がないのに自己投資にそんなにお金を使っていいの？」「将来はリターンがあるとして、しばらくはお金が出ていくだけなの？」と疑問を抱く人もいるでしょう。たしかにお金は出ていきますが、逆に支出が減るものもあるのです。

それは、自己投資を意識づけると、衝動買いや〝なんとなく買い〟などの浪費をしなくなるからです。つまり、自分にとって本当に必要なものだけを買うようになる。そう考えれば、支出の増加は意外と抑えられるかもしれません。

たとえば、ディスカウントショップで激安の食料品をチラシにつられてまとめ買いするとか、コンビニにふらりと立ち寄ったとき、なんとなくスナック菓子やソフトドリンクをついでに買うことはないでしょうか？　これって、けっこうバカにならない支出です。自己投資を意識づけることによって、そんな浪費癖はなくなるかもしれません。逆に、棚に並んでいる商品のうち、自分に本当に必要なものを厳選し、栄養のバランスがとれているもの、カロリーが低いものを買うようになるでしょう。

また、カフェに入って飲み物を注文したとします。同じ飲み物代でも、ただ喉の渇きを潤すためだとか、ただの時間つぶしだったら自己投資ではありませんが、そこで読書をして知識という付加価値をつけるためだったら自己投資になります。

使った500円がそのまま消費されるのか、自分の付加価値となって将来のリターンにつながるのか、それを選択するのが自己投資であり、お金の活かし方の違いなのではないでしょうか。

このように自己投資とは大げさなものではなく、日々の小さな積み重ねでよいのです。日々の自己投資は小さいものでも、1年、2年、3年と経つうちに雪だるまのように大きくなっていく。数年して振り返ってみると、自己投資を始める前とは毎日の充実度、物事に対する考え方が大きく変わっている自分に気づくことでしょう。

つまり、それは「自己投資マインド」が身についたということ。日々の自己投資なら、誰でも、いまからでもできます。なんの固い決意も勇気も要りません。毎日一つでいいから、何か自己投資になることをやってみる。あるいは何かをやるときに「これは自己投資になるかならないか」を自問してみる。まず、そこから始めるのです。

それを日々継続していくことによって、自分の中に無形資産が蓄積され、それがやがてお金とか成果といったものにつながっていくのです。

1-4 自己投資の3原則

ここで、自己投資にあたって知っておくべき3原則について述べておきます。

第1原則 すべては自己責任と考える

自己投資は、自分の責任でやることが原則です。誰かにいわれてとか、誰かを頼りにして、といった考え方ではうまくいきません。投資である以上、多かれ少なかれリスクはともないます。また、やることすべてが成功するわけではありません。

そのときに、他人のせいにしたり環境のせいにしたりするのでは、なんのために自己投資をしているのかわからなくなります。もとより、自己投資は自分の価値向上のために行うものだからです。自分に甘えや言い訳を許さないためにも、すべてを自己責任と考える必要があるのです。

第2原則　中長期的視点で考える

自己投資は、短期的視点でやるものではありません。今日やったことが明日とか1週間後、1カ月後に成果が出てくるものではありません。あくまでも、1年、5年、10年といった中長期的視点でじっくり取り組むべきものです。

大切なのは、結果のみにフォーカスするのではなく、成長プロセスを楽しむこと。日々の小さな成長の積み重ねが自己投資の楽しみであり、喜びなのです。そのためにも、継続することが大事です。

自己投資とは「継続する技術」といってもいいでしょう。日々の自己投資を継続しているから、すぐに成果が出なくても心が折れたりくさったりすることなく、楽しみながらやっていけるのです。

第3原則 リスクを負って行動する

金融投資でも資産形成でも、行動に移さなければ意味がありません。本を読むとかセミナーに行くことは知識習得のために必要ですが、それを自分のものとして実際にやってみることが必要です。もちろん、投資にはお金や時間がかかります。

やってみてうまくいかなかったときのことを考えると、躊躇してしまうこともあるでしょう。しかし、そこで勇気をもって一歩踏み出さなければ何一つ変えることはできません。自己投資のための知識習得は、その一歩を踏み出すために自分を説得する作業といってもいいかもしれません。

第1原則で述べたように、リスクを負うことは自己責任で行うということです。うまくいかなかった場合に、その失敗を自分で受けとめる覚悟ができるか。その覚悟ができて行動に移したときに、新たな地平が開けてくるのです。

この3原則を守ることが、自己投資にあたって絶対必要な条件です。

大事なことは、常に「自己投資」というアンテナを立てておくこと。新聞を読むにしても、どこかへ出かけるにしても、人と話をするにしても「自己投資」というフィルターをとおして受けとめる。そんな思考のクセをつけるのです。

それは「習慣化」につながります。習慣化すれば、毎朝歯を磨くような感覚で無意識のうちに続けることができます。手始めは、このようなスタンスでいいでしょう。「自己投資は、いちばん高い利子をあなたに払う」とは、アメリカ建国の父といわれる政治家ベンジャミン・フランクリンの言葉ですが、まさに自分こそが最高の投資対象なのです。

2

自己投資のファーストステップ

自己投資といっても、まず何から始めればいいのでしょうか。人が知識を深めるには、三つの方法があります。

(1)人に会って話を聞く
(2)その場所へ出かけて体験する
(3)関連する本を読んだり映像を観たりする

2-1 人が知識を深めるための三つの方法

三つの方法のうち、(1)と(2)は実体験なので、直接身につけることができますが、体験できることにはかぎりがあります。たとえば、故人に会って話を聞くことはできません。世界の隅々まで回ることも不可能でしょう。しかし、(3)であれば代理体験ができます。故人の書いた本や歴史上の人物の本を読めば、その人の考え方を知ることができる。の土地の旅行記を読んだり映像を観たりすれば、行かなくてもある程度は行った気分になれます。その土地

(3)は、まさに無限です。本を読めば読むほど、映像を観れば観るほど知識を深めることができます。実体験に加え、代理体験をどれだけ多く積み上げるかで、知識の深さ、ひいては人間としての深みが違ってくるのです。

避けるべきは、実体験も少なく代理体験もほとんどしないこと。自分の生活の範囲内での実体験のみで生きているとしたら問題です。たとえば、

・自宅と会社の往復で毎日の動線が決まってしまっている

・毎日、職場内の同じ人としか話をしない

・本などはほとんど読まない

こういう生活パターンを繰り返しているとしたら要注意です。

この状態に陥らないためのファーストステップとしては、読書がいちばんです。

私のロールモデルの一人である実業家・ビジネス書作家の本田直之さんは、著書『レバレッジ・リーディング』（東洋経済新報社）で、「読書とは投資活動そのものです。本を読むのは自分に投資することです」と語っています。経営者やビジネスリーダー、著作家な

ど、できる人はほぼ例外なく読書家、それも大量に本を読む多読家です。彼らは趣味や暇つぶしではなく、投資として本を読んでいるのです。

2-2 なぜ読書が投資であるのか

なぜ読書は投資だというのでしょうか。本を読むことで将来的に金銭的に大きなリターンをもたらすからです。ビジネス書の値段は平均すると1冊1500円くらいです。月10冊読むとして1年間では120冊、総額は18万円です。この投資で得た知識をビジネスで活かせば、もとがとれるどころか100倍になると本田さんは語っています。

私も最初は半信半疑でしたが、実際にやってみると本を読んで始めた不動産収入だけでも年間1400万円ありますから、決して大げさではありません。

実業家で元マイクロソフト日本法人社長の成毛眞さんはもっと辛辣で、『本は10冊同時に読め！』（三笠書房）という著書の中で「本を読まない人はサルである」とまで語っています。

なぜビジネスリーダーは本をたくさん読むのでしょうか。その前に、日本人は年間何冊の本を読んでいると思いますか？　文科省の2022年調査では「この1カ月に読んだ本が「0冊」と答えたのは56・9％、「1冊」が18・0％、「2、3冊」が11・2％、「4、5冊」が2・5％、「6冊以上」が2・8％です。なんと半数以上が1冊も本を読んでいないのです。

ためしに電車に乗ったときに周囲を見回してみれば実感できるでしょう。ほとんどの人がスマートフォンの画面を見ています。本を読んでいる人は圧倒的に少数派です。街の書店もどんどん減っています。ネットで買えるのも書店が減った原因でしょうが、本を読まない人が増えたことも書店衰退の原因でしょう。

リアル書店で本を探すことも文化の一つです。その意味では、一面的なネット情報に踊らされる現在の日本の民度は危機的状況にあると思っています。

月に6冊以上読めば、あなたは読書量において日本人の上位3％に入ることができるのです。そう考えれば、ビジネス界のトップ3％にあたるビジネスリーダーが本をたくさん読んでいるのも納得がいきます。ビジネス書にはいろいろな成功法則が書かれているのですが、こうした成功法則を身につけることで飛躍的に成果が得られるのです。

トップ3％の成功者に！

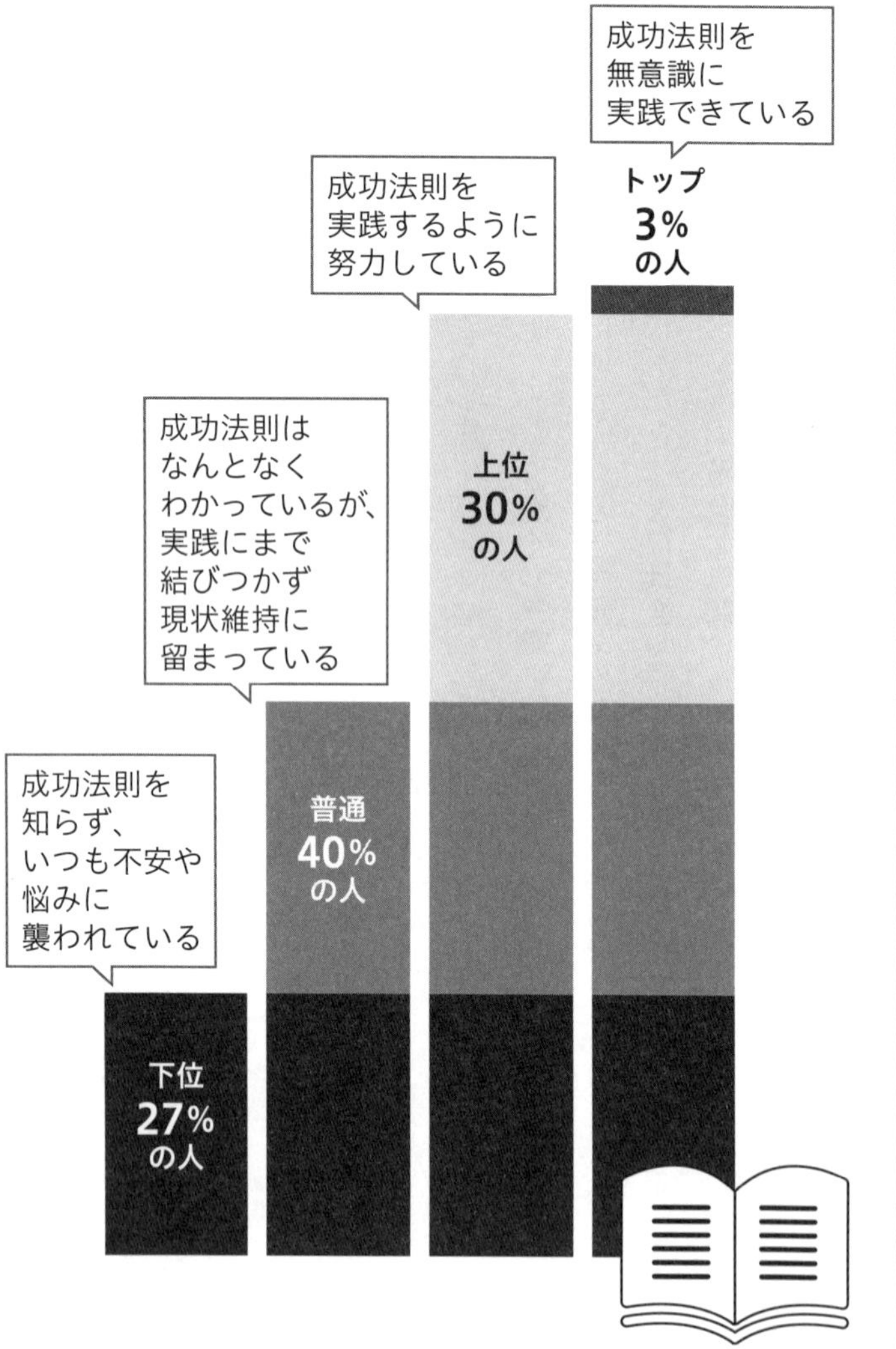
成功法則を知らず、いつも不安や悩みに襲われている
下位27％の人
成功法則はなんとなくわかっているが、実践にまで結びつかず現状維持に留まっている
普通40％の人
成功法則を実践するように努力している
上位30％の人
成功法則を無意識に実践できている
トップ3％の人

成功法則では、人は右図のように四つの段階に分かれるといわれています。読書が投資である理由がおわかりいただけたでしょうか。

2-3 お勧めはリベラルアーツ

何を読んだらいいのか？　と思う人もいるでしょう。すぐに思いつくのは資格取得のテキストかもしれません。資格を取得してスペシャリストになれば、キャリア上は有利になることは確かです。

しかし将来独立するのならともかく、サラリーマンとして生きていくなら私はお勧めしません。有資格者であれば専門家として重宝されるかもしれませんが、資格を取得しても雇われる側、使われる側であることには変わりがないからです。

ハイリターンをねらうのなら経営する側になることがいちばんです。つまり取締役などの役員をねらうのです。役員になれば中小企業でも年収１０００万円超は可能です。役員報酬だけではありません。役員になったときにそれまでの退職金が支払われ、業績が良ければ役員賞与が、さらに役員を退任するときにも役員退職慰労金が支払われます。

では役員になるには何を読めばいいのか？　私のお勧めはリベラルアーツです。リベラルアーツとは古代ギリシアで生まれた概念で、社会課題を解決するための知識や生きるための力を身につける手法を指します。

領域は多岐にわたり、語学、論理学、心理学、経済学、思考法、歴史、哲学などですが、現代においてはマネジメント、ファイナンス、マーケティング、ストラテジー、データサイエンスなども含まれるでしょう。広義では小説やノンフィクションも含まれます。

経営者はこういう知識が豊富なのです。一般社員とのいちばん大きな違いはリベラルアーツを身につけているかどうか、です。

私の経験ですが、まだ課長のときに会議の席で、本を読んで覚えた知識を使って意見を述べたら、同席していた常務取締役が「ほう」という顔をして私を見たのを覚えています。それからは折に触れて意見を求められたりして顔と名前を覚えてもらい、引き立ててもらえるようになったのです。

大きな書店でビジネス書の本棚を見れば、それらに類する書物がずらりと並んでいます。ビジネス書といっても切り口はいろいろあり、アプローチ方法もさまざま。いずれもリベラルアーツを駆使してビジネスで成果を出していることがわかります。

2-4 読書をするために役立つツール

あれだけたくさんの本の中から、どれを選べばいいのか？　と思う人がいるかもしれません。自分の興味のあるものだけだと偏りがあり、片っ端から読むのは駄本もあるので効率が良くありません。

世の中にはそうしたニーズに応える本もあって、ビジネス書の名著を要約して1冊にまとめた本が出ています。最初にこれを読んで、とっつきやすそうな本から始めてもいいでしょう。

他に、書評メルマガというものもあります。たとえば出版プロデューサーの土井英司さんが発行している「毎日3分読書革命！　土井英司のビジネスブックマラソン」は毎日1冊を取り上げ、土井さんが赤ペンチェックした内容を紹介するものです。読むべき本、読むのに値する本を厳選して紹介しているので、これを参考にしてもいいでしょう。

また、本のソムリエさんが発行している「1分間書評!『1日一冊:人生の智恵』」も毎日1冊の本を1分間で読めるように要約しています。星の数と点数でランクづけしているので、選ぶ際の参考になるでしょう。

どちらのメルマガも登録無料です。それにしてもお二人とも何年にもわたり毎日1冊の本を読み続けて書評しているのですから、もはや超人レベルです。

ちなみに本の要約サービスというものもあります。これは、本の内容を10分程度で読めるように要約したものを冊子にして毎月送ってくるものや専用アプリやwebで読めるサービスです。私が利用していたのは、紙媒体では「TOPPOINT」、電子媒体では「flier」です。

これだけ読めば1冊全部読まなくても内容がわかるというのがウリですが、これは賛否がわかれるかもしれません。私も使ったことがありますが、私の経験では他人が書いた要約を読んだだけでは、読んでも頭に残らない。やはり面倒でも1冊全部を読んで自分で要約しないと内容が身につかないような気がします。

2-5 読書には時間管理も必要

読む本を見つけても、「月に10冊も読むのは忙しくてできない」という人もいるでしょう。そういう人は、読書を習慣にする前に、もっと基本のことができるようになる必要があります。

それは時間管理です。読書するにはある程度のまとまった時間が必要です。まず、その時間を捻出しなければなりません。テレビやゲームに時間を使っているのなら、そうしたものを削って読書の時間に充てるとか、トイレにこもっている時間や待ち時間などのスキマ時間を有効活用するとか、1日の時間配分を見直して、読書のための時間をつくることです。

たとえば1日5分しか読めなかったとしても、1カ月では150分、1年間では1800分、つまり30時間を読書のために生み出すことができます。そのためにもトイレに本を置いておくとか、外出するときには1冊カバンに入れておくなどの工夫をしたほう

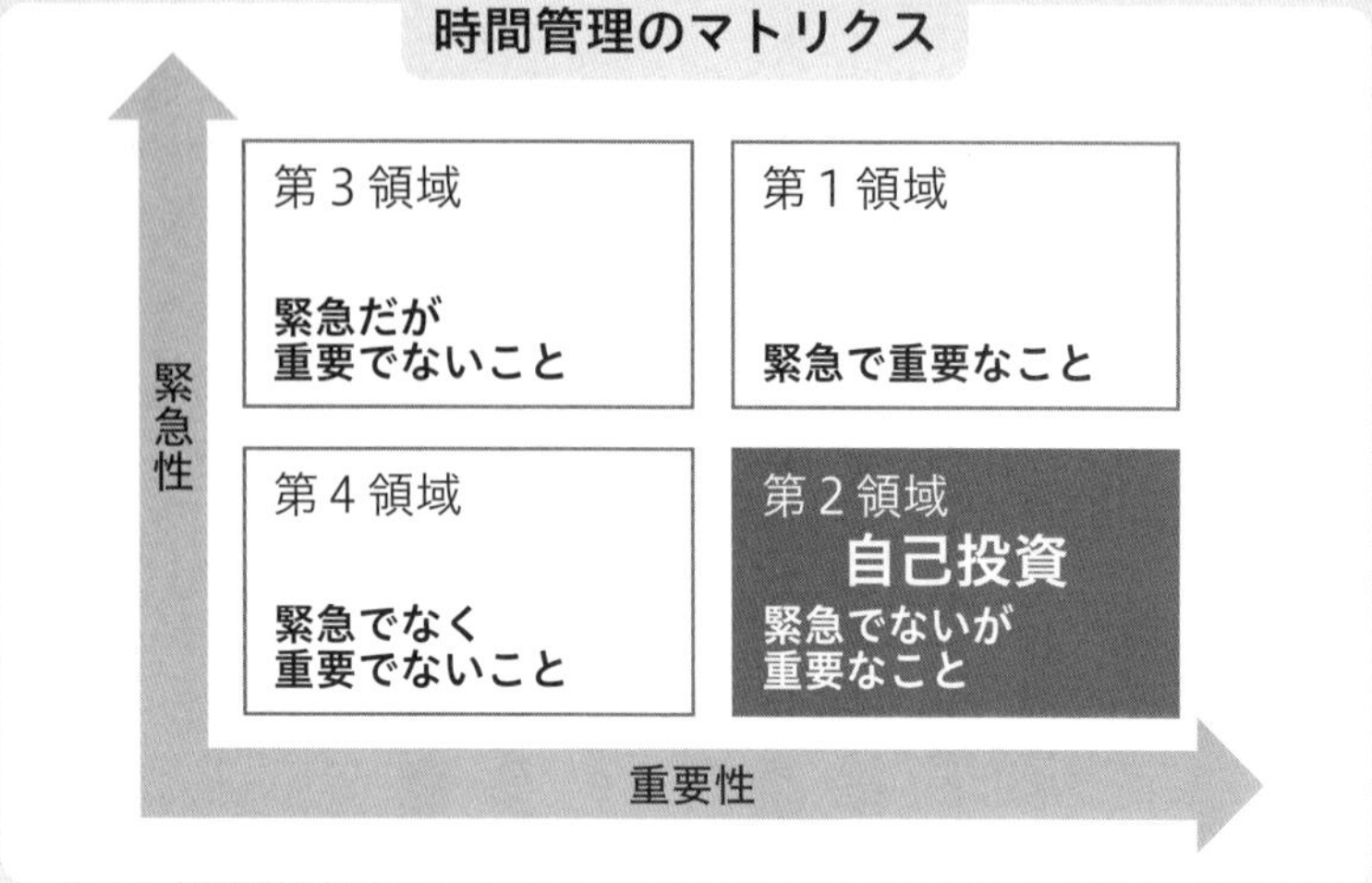

がいいでしょう。

時間管理のマトリクスというものがあります。これによれば時間の使い方は四つの領域に分けることができます（上図参照）。

時間管理においては、第4領域はかぎりなくゼロをめざし、第3領域は効率化したり誰かに任せたりする必要があります。

第1領域は優先して取り組む必要がありますが、多すぎると忙しさに振り回されることになります。第2領域は、いまは必要なくても将来的にはやっておくべきことがあてはまります。

実はこの第2領域こそが自己投資になる時間の使い方なのです。将来のありたい姿のために、この時間を確保しなければなりません。

第2領域をいかに確保するかが、自己投資をするための前提条件といってもいいでしょう。

また、1冊読み終えてから次の本を読むより、2、3冊を同時並行で読んだほうが効率的です。家の中ではこの本、外出で持ち歩くならこの本と決めておけば、いちいち置き場所を移す手間がありません。重いハードカバーは家で、文庫本は外でと使い分けるのもいいでしょう。

本の代わりに電子書籍を持ち歩くのも手です。本に比べて薄くて軽いですし、何冊分も入れておくことができます。私もＫｉｎｄｌｃをカバンに入れて常に持ち歩いています。ただ、紙の本のようにパラパラと全体を俯瞰するとか、気になったページに戻るとかするのは使い勝手が良くありません。状況によって使い分けましょう。

3

「投資としての読書」を極めるノウハウ

「投資としての読書」には方法があります。速読法もその一つですが、かなり練習しないと身につきません。そこで私が実践している誰にでもできる読書法を紹介します。

ポイントは、文芸本と違ってビジネス書は「文章を隅々まで読む必要はない」ということです。文章を味わうのが目的ではなく、役に立つ情報を得るのが目的ですから、それさえわかればいいのです。

3-1 「投資としての読書」七つのステップ

一般的に、重要なのは書かれていることの20%といわれます。その20%にフォーカスして読めばいい。そのためには、読む目的をまずはっきりさせることです。自分はこの本から何を得たいのかを念頭に置いて読むということです。

私の読書法七つのステップは次ページ図に示したとおりです。

ステップ1　読む目的をはっきりさせる

なんのために読むのか、この本から何を知りたいのかを自分の中で明確にしておきます。これがあいまいだと、重要な部分にフォーカスできません。

ステップ2　「はじめに」「あとがき」で趣旨を知る

本の巻頭と巻末には、たいてい「はじめに」と「あとがき」という部分があります。数ページに著者の伝えたいことがまとめられていることが多いので、これを読んで趣旨を知ることで理解が早まります。

ステップ3　「目次」で全体の構成を知る

目次を見れば、だいたいの構成がわかります。ここでフォーカスして読むべき部分、読み飛ばしてもいい部分のあたりをつけておきます。

私の７ステップ読書法

ステップ１　読む目的をはっきりさせる

↓

ステップ２　「はじめに」「あとがき」で趣旨を知る

↓

ステップ３　「目次」で全体の構成を知る

↓

ステップ４　流し読みで気になったキーワードがあれば付箋を貼る

↓

ステップ５　再度、付箋を中心に読む

↓

ステップ６　付箋をつけた重要な文章は手帳に転記する

↓

ステップ７　必要なら何度でも深読みする

ステップ4 流し読みで気になったキーワードがあれば付箋をつける

流し読みしながら、気になった文章やキーワードがあれば細めの付箋をぺたぺたと貼っていきます。

ステップ5 再度、付箋を中心に読む

いったん読み終わったら、付箋の部分を読み直します。新たに引っかかった部分があればそこにも付箋をつけます。

ステップ6 付箋をつけた重要な文章は手帳に転記する

この作業は、まとまった時間ができたときや週末にやってもいいのですが、手帳に書きとめることが大事です。書いたあとときどき読み返すことで、すぐに忘れる記憶を上書きし、知識を定着化させます。

ステップ7 必要なら何度でも深読みする

読んだあと、「これは！」と思った本は、近くに置いて何度も読み返します。一度読ん

でおけばだいたいの構成は頭に入っているので、2回目は倍、3回目は3倍の速さで読めます。ベッドサイドやトイレに本棚を設置し、寝る前やトイレで数ページでもいいのでパラパラめくったりして目を通します。これでかなり深く記憶に定着します。

何度も読み返すと、メモをとったりしなくても脳の中に記憶され、まるで脳の中に抽出しをつくるように必要なときに思い出すことができるようになります。これが再読の効果です。

3-2 一人で悩んでいるヒマがあったら本を読め

時間管理と読書術、まずはこの二つのスキルを身につけなければ、ただ読書をしなさいといってもできるはずもありません。そう考えると、投資としての読書は簡単なようでいて、誰にでもできることではないのです。ほとんど本を読まない人が大部分なのも、たんに読書が好きではないというわけではなく、読書のための環境づくりができていないのも大きな要因ではないでしょうか。

読書のための環境づくりをマスターすることにより多読が可能になり、しかも読んだ内容を忘れずに記憶することができます。すると、課題解決が必要なときなどに、ふとその記憶が思い出されて助かることがあります。読んですぐより、しばらくたってからある状況下で「そういえばあの本にはあんなことが書いてあったな」とか、記憶の抽出しから呼び出される例が多いのです。

読書の良いところは、読むだけでいろいろな人の成功や失敗を疑似体験できること。また、卓越したスキルを知ることによって、ムダな試行錯誤を防げることです。読書のための時間は投資コストですが、読書しないことによって起きるムダな時間はロスです。この差は仕事の面で、また人生においても非常に大きなものになるでしょう。

私たちがもっている悩みのほとんどは本に解決策が出ている。同じような悩みを持っている人がいて、その悩みを解決した人がその解決ノウハウを本にしているのです。ですから、「一人で悩んでいるヒマがあったら本を読め！」です。このようにして本を読んでいる人はどんどん効率的になり、読まない人に差をつけているのです。

「いまはネットで調べられるから本を読む必要はない」という意見もあるでしょう。しかしネットの情報は玉石混交であり、信頼度は本に比べて高くありません。本にもレベルの差はありますが、出版社が介在している以上、一定のレベルにはあります。また、簡単な解決策はネットでも十分ですが、複雑で頭を使うような問題の解決には適していません。解決の質が違うのです。

3-3 多読が必要なワケ

ではなぜそうまでして多読が必要なのか。

ベストセラーや話題本を1冊読むだけでは「点」の読書にすぎません。関連本を5冊、10冊と読んでいくと、共通のポイントが見えてきて、「点」にすぎなかったものが相互に結びつき「線」の読書になります。

さらに50冊、100冊と読んでいくと、「線」が幾重にも重なりあい、「面」の読書になります。ここまでくると、本に書かれていることが有機的に絡みあい、一体化した知識に変化します。

ビジネス本に書かれている内容は、原理原則はそれほど違いがないのですが、書いている人によってその人の経験が加味され、さまざまな角度から原理原則が検証されていきます。そのため、多くの本を読むほど「面」としての知識が得られるのです。それはつまり、さまざまな状況に対応できる知識であるということです。

多読に関連してもう一つ伝えたいのは、「本は自腹で買え！」ということです。

「本代が高いから、図書館などで借りて読めばいい」という人がいます。趣味としての読書ならそれでもかまいませんが、投資として読書をするなら、自腹で買うべきです。

その理由は、次の３点です。

・元をとるために必死で読む気になる
・手元に置き、何度でも読み返せる
・ラインやメモなどページに書き入れられる

他の人から借りた本ではこうはいきません。投資としての読書は本棚に飾っておいても意味がなく、ボロボロになるまで使い倒すくらいでよいのです。そのためにも自腹で買うべきです。

3-4 投資としての読書は読んで終わりではない

もう一つ加えると、投資としての読書は「読んで終わり」ではありません。読んだら要旨をまとめる、感想を書くことで本の内容が身につきます。

読むだけで大変なのに……と思う人がいるかもしれません。でも、そんなに大仰に考える必要はありません。本の中で1行でも自分にとって役に立つ文章があれば、その本に投資した価値はあるのです。その1行が何かの場面で自分を助けてくれることもあるのですから。

いまは便利なウェブサービスがあり、たとえば「読書メーター」というアプリは、登録すれば読んだ本のページ数や冊数をグラフにして読書量を記録・管理することができます。

本を検索するとその画像が表示されるので、読んだ日付や感想などが書き込めます。それを読んだ人が「ナイス！」をしてくれたり、コメントしてくれたりします。自分で何冊読んだかがわかるので読書目標にもなり、「ナイス！」やコメントをもらうことで励みにもなります。こうしたサービスを使えば楽しみながら続けることができます。

また、本を読んだら行動しなければ意味がありません。つまり、成功者や名経営者の本を読んで、このやり方はいいと思ったら行動してみるのです。成功事例を真似するわけですから、自分で考えたやり方で行動するより成功の確率は高まります。

しかし、成功者や名経営者の思考・行動様式はハイレベルにあるので、すぐに真似できるわけではありません。ただ、少しずつでも真似を続けることで成果が出る場合もあり、著者の中には自分と同じような立場で真似のしやすい人もいるので、そうしたところから徐々に身につけていけばいいのです。

このように、読書↓行動↓フィードバック↓読書↓行動↓フィードバックというサイクルを回していくと、だんだん習慣化され、次のステージに上がることができます。真似を意識しなくても、無意識でも行動に落とし込むことができるようになるのです。これができれば、行動することで読書の効果がかなり身についてきたといえます。

あとで「なんで自分はあんな行動をしたのだろう？」と考えたときに思い返すと、「そういえばあの本に書いてあったな」と気がついたりする。読書を続けることで、知らないうちに着実に自分の思考・行動様式を書き換えていることがわかるのです。

4

読書以外の方法も有効活用しよう

読書が書物を通して著者の体験や思考を学ぶのに対して、セミナーは直接本人から学べる機会です。

セミナーというと、すぐ専門的な知識や資格取得の講義を思い浮かべる人が多いのですが、私がお勧めするのは読書と同じでリベラルアーツ系のセミナーです。端的にいうと、いろいろな業界でリーダーとなっている人の話を聴くことです。

4-1 セミナーでナマの体験をする

卓越した実績のある経営者や著名人の話を聴くことは、自分にとって大きな刺激になります。そのような人は、実際に顔を見ているだけでもオーラを感じます。

少しスピリチュアルな話になりますが、オーラを感じるとそのオーラを感じた自分にもパワーが移ってくるような気がします。話を聴くことも重要ですが、ナマでその人の表情や声に接することはセミナーの大きなメリットです。

直接、知識の習得には役立たないんじゃないかと思われるかもしれませんが、長い目で見ればそのようなセミナーのほうが血となり肉となります。よくいわれるように、「すぐに役に立つことは、すぐに役に立たなくなる」もの。その場ですぐに使える答えを覚えるよりも、一生使える問いを持つことのほうが大事です。

そうしたセミナーの情報は頭の中に常にアンテナを立てていると、新聞、雑誌、SNSなどから入ってきます。また大型書店ではよく出版記念セミナーが開催され、著者の話を聴けるうえに本にサインもしてもらえます。サインをしてもらっている時間は数十秒にすぎませんが、一言二言、会話ができる貴重な機会になります。

セミナーの開催時刻は平日の夜7時とかが多かったので、私は仕事が終わってから会場まで足を運んだものです。会場に行くと自分と同じようにスーツを着ている人が多く、やはり向上心のある人は仕事帰りに聴きに来ているのだなと思ったものでした。

多くのサラリーマンが仕事帰りに居酒屋で上司の愚痴などをいっているのと比較すると、やはりこの行動の差は成果の差になってきます。私もサラリーマン時代には100回以上セミナーに行きましたが、仕事には直接関係なくとも自分の成長に寄与し、出世にもつながったのは間違いありません。

中でも心に強く残った人を左表に挙げておきます。

この顔ぶれだけでも多士済々です。こうした人たちのことを私は「すごい人」と呼んでいますが、「すごい人」のオーラを感じるだけでもセミナーに行く価値はありますし、ビジネスリーダーの考え方を学ぶことは、サラリーマン人生において大きなアドバンテージになります。

ただ、「ああ、いいことを聴いたな」と感動し、そのままにしていると翌日には感動は半分になり、数日もすると消え、何を見聞きしたかすら忘れることがあります。感動の賞味期限は短いのです。「いい話だったな」で終わらせないためには、一工夫が必要です。

それはセミナーを聴講するにあたって「メモをとる」ことです。参加者を見ていると、メモをとらずにただ聴いているだけの人がけっこういます。これはあまりにももったいない。ノートとペンを持ちながら聴き、メモをとることでセミナーの内容を記録に残すことができ、何日経っても覚えていられるのです。

ただメモは半分殴り書きですから、数日内の時間があるときに手帳に編集して清書し、

セミナーを聴いて「心に強く残った人」

（肩書きはセミナー参加時のもの）

佐藤優 さん	作家・元外務省主任分析官
本田直之 さん	実業家・ビジネス書作家
大前研一 さん	経営コンサルタント・起業家
小宮一慶 さん	経営コンサルタント・ビジネス書作家
中谷巌 さん	経済学者
神田昌典 さん	経営コンサルタント・作家・マーケッター
安藤忠雄 さん	建築家
ジム･ロジャース さん	世界的投資家
北方謙三 さん	小説家
渡邉美樹 さん	実業家・政治家
真壁昭夫 さん	エコノミスト
藤原正彦 さん	数学者
養老孟司 さん	医学者・解剖学者
原晋 さん	陸上競技指導者・スポーツ解説者
星野佳路 さん	星野リゾート社長
冨山和彦 さん	経営コンサルタント・経営者
橋下徹 さん	弁護士・政治評論家
隈研吾 さん	建築家
柳井正 さん	ユニクロ　ファーストリテイリング社長
髙田明 さん	ジャパネットたかた創業者
川口淳一郎 さん	小惑星探査機「はやぶさ」プロジェクトマネージャー

読みやすくしておきます。私の場合、これをさらにブログにセミナーに行った記事として講演要旨を上げておきます。そうすることで半永久的に記憶にも記録にも残るのです。

4-2 耳から聴く読書・セミナーも活用する

読書やセミナーは目で読む、セミナー会場に行くばかりではありません。スマートフォンでも聴くことができます。昔はカセットテープやCDなどで聴いていましたが、いまは本を朗読してくれるオーディオブックやポッドキャストの配信サービスもあります。

耳で聴くことの良いところは、ほかのことをしながらでも「流し聴き」ができることです。家事をしながらでも運転しながらでも電車で移動中でも聴くことができます。これこそスキマ時間の有効利用でしょう。

それほど集中しなくても何度も繰り返して聞けば、音声とともに脳内に定着していきます。本やセミナーは1回読んだだけ、聴いただけではメモをしないと忘れてしまいますが、繰り返し聴けば自然と頭に残ります。

またセミナー音声は講演者本人の肉声が伝わるので、その熱意やパワーも感じることができます。読書とセミナーにこの方法も組み合わせれば、より効果的に知見を得ることができるのです。

5

自己投資を仕組み化する

「メモをとって手帳に清書しブログに投稿する」のは忘れないために重要で、自己投資としてはこうした仕組みを前もってつくっておくといいでしょう。

たとえば、本を読んだらそれで終わりではなく、要旨を手帳に書きとめると理解が早まり忘れにくくなります。

自分で要旨をまとめるからこそ効果があるのです。

5-1 手帳を活用する

私は自分で要旨をまとめた手帳を常に携行し、時間があれば読み返しています。何度も読み返すことで脳にしっかりと定着するのです。私はこれを「インタナライズする」と呼んでいます。

インタナライズとは、無意識のうちに行動に移せるくらいまで知識や考え方などを自分の中に取り込んで、内面化することをいいます。人は1日に3万5千回も選択の決断をしているといわれます。その決断一つひとつをインタナライズした価値観を持って行っていたら、場あたり的に選択するのに比べ、すごい差になると思いませんか？

ただその選択をいちいち考えてやっていたら疲れてしまいますね。いわゆる「決断疲れ」というやつです。そうならないように、無意識レベルで自分を高めるために最適な決断をできるようにしておく必要があるのです。

最適な決断をするためには、ツールを活用して仕組み化しておくことが必要です。手帳はそのもっともベーシックなツールです。

私は手帳を2冊使っています。一つはスケジュール帳として。予定はスマートフォンのカレンダー機能を使っていますが、手帳にはその日の何時に何をやったかをメモしておきます。また、その日にやった自己投資と思う行動を短い文章で書くようにしています。

私がここ10数年使い続けているのは、ディスカヴァー・トゥエンティワンが発行している『小宮一慶のビジネスマン手帳』。経営コンサルタントで何冊ものビジネス書を書かれている小宮一慶さんプロデュースの手帳です。特徴としては、たんなるスケジュール帳ではなく、資産管理から仕事や人生の目標達成まで管理することができるということ。たとえば左ページのような項目を使っています。

かつては資産形成や経済指標、読書メモなどは手帳の空いているところに記入していましたが、いま一つ見にくく使いづらいものでした。それがこの手帳では、最初から専用の欄が用意されています。これはまさに自分のためにつくられた手帳では？　大きさや厚さも持ち歩くのにストレスのないサイズ。私にとっては理想の自己投資手帳でした。ただ残念なことに２０２５年度版は出版元の事情により発刊終了になってしまいました。

あなたは1年前、5年前、10年前の何月何日何時に何をやったかを思い出して伝えることはできますか。私はできます。もう10数年にわたり手帳に記録をつけているので、その時の手帳を開けば何をやっていたかがわかり、その時の行動がいまにどうつながっているのかを知ることもできます。

記録していなければ過去の出来事は記憶だけになり、その記憶も年を重ねれば曖昧になり、いずれは消えていきます。せっかく歩んできた人生です。忘れてしまうようではもっ

私の「自己投資手帳項目」

過去年表・人生の棚卸しシート

過去に世の中で起こった出来事が年度別に書いてあり、その横に自分史を書き込むことができる。また、仕事や財産、信条などの大切なことを過去・現在に分けて整理しておくことができる。

未来年表

なりたい自分の中長期的な目標を書いておくことができる。

年間スケジュール・マンスリー・ウィークリー・デイリー

それぞれの目標と To Do。結果を書く欄がある。

資産形成

毎月、投信や株式の評価額を書いておく欄がある。

経済指標・定点観測

株価や為替などの経済指標を書いておく欄がある。

個人版バランスシート

昨年と今年の資産と負債を書く欄があり、比較できる。

読書メモ

読んだ本の読了日や感想などをメモしておける。

日経景気指標

過去20年間の主要な日経景気指標がまとめられている。

たいないでしょう。

ところが、多くの人は日誌も日記もつけておらず、記録がないから毎日はただ流れていくだけで蓄積できません。まして明確な目的や目標を持っていなければ、自分がどこへ行こうとしているのかさえわからず、流されるだけの人生になってしまいます。

仕事では会議をすれば議事録を作成し、営業活動をすれば日報をつけるのに、なぜもっと大事な自分の人生に記録をつけないのでしょう。もったいないことです。

記録することは自分の足跡を印すことであり、生きざまの証明でもあります。自分はこんな生き方をしてきたといえる手段でもあるのです。

ですから、自分はなんのために生きているのかわからないとか、物足りないという人は、手帳でもブログでも毎日の行動記録をつけることをお勧めします。ただやったことだけではなく、そのとき感じたことをひと言でもいいのでつけ加えるのがポイントです。

注意しなければいけないのは、ポジティブであること。愚痴や悪口のようなネガティブなことは逆効果になるので書いてはいけません。うまくいかなかった日でも、翌日に希望が持てる書き方にする。それを毎日繰り返すことでメンタルが強化され、人生が開けていくのです。

5-2 「成功ノート」をつくる

もう一つの手帳は罫線だけのシンプルな手帳です。私の使っているのは、株式会社デザインフィル　ミドリカンパニーの『MDノート』というもの。カレンダーもなければアドレス欄もない。余計なものはいっさいついていません。薄く方眼罫の線が引かれているだけのまっさらな手帳。表紙さえ真っ白で、なんの飾りもありません。

おそらく日本でいちばんシンプルな手帳ではないでしょうか。1960年代に開発され現在まで品質改良を重ね続け、にじみや裏抜けがしにくく書きやすいのが特徴です。使ってみると、めくるときの適度な厚さといい、文字が見やすいオフホワイトの色調といい、ペンを走らせたときの摩擦感といい、これぞ名作！　といった趣です。私の使っているのは新書サイズ。さすがに裸のままでは傷みが早まるので、これに市販の人工皮革のブックカバーを被せています。

この手帳には先ほどのセミナーでメモしたことや本の要旨とかを書き連ねています。そのほかには心を奮い立たせる名言や好きな言葉を書きとめておくようにしています。私はこれを「成功ノート」と呼んでいます。

5-3 私が実践してきた「成功ノート」の中身

私の場合、成功ノートの最初のページには、「私はこうして成功する」という宣言文を書き、日時と署名をして自分自身への約束にしています（93ページ参照）。

次のページには「私の志」と「私のミッション・ステートメント」を書いています。「私の志」は簡潔に2～3行、「私のミッション・ステートメント」はミッションとなる項目を10項目程度箇条書きでまとめています（92ページ参照）。

その次のページは「夢ロードマップ」です。夢ロードマップは、1年ごとにスモールゴールを設定し、今年はここまで到達しよう、来年はここまでというふうにステップアップしていくイメージです（94、95ページ参照）。

ただし、つくり方は逆から。つまり、5年後を目標とするなら、まず5年後のあるべき姿を記入します。「○○したい」という願望ではなく、「○○になっている」という決定事項として書くのがポイント。そのうえで、ではそのためには4年後はどうなっている、3年後はどうしている……と、現在へさかのぼってスモールゴールを設定していきます。

すると、現在から5年後のゴールまでの道筋が明確に見えてきます。この方法は、詳細は違ってもいろいろなかたちで紹介されており、計画達成・目標実現のための強力な手法といわれています。実際に書いてみると、単に目標を箇条書きするよりもはるかにイメージが明確になり、やるべきことが見えてくるのがわかります。

さらにその次のページは、「夢マインドマップ」です（96ページ参照）。マインドマップとは、イギリスの教育者トニー・ブザン氏が提唱した思考の表現方法の一つで、中心となるキーワードから関連する言葉やイメージをつないだ放射状の図のことをいいます。簡単にいうと、テーマとなる言葉を中心に、そこから放射状に関連する言葉をつなげていき、脳の神経回路のような図を作る思考表現手法です。

私は「ありたい自分」を「経済自由人」と定義し、それを中心に置いてそこから仕事、家族、経済、趣味、健康、セカンドライフなどに枝分かれした理想のイメージを書いています。

私の志

人生が豊かになるような方法を探し、実践すること。
そして、それを発信すること。

私のミッション・ステートメント

1. まず、家庭で成功する

2. 貢献してくれた人たちを忘れず感謝する

3. 誠実に生きて、人の役にたつ

4. 誠意を持ちながら、強い決断力を持つ

5. 待ち時間を活用する

6. ユーモアを忘れない

7. 失敗を恐れず、失敗から学び、成長の機会を逃さない

8. 行動を通して、周りの人にインパクトを与える

9. ミッション達成のため、自分の時間、才能、持っているすべてを捧げる

成功ノート　Ⅷ

私はこうして成功する

2019.7.7

木下 尚久

夢ロードマップ実践編

ワンルーム 10 戸をもつ

	目標		現実
5年後	所有戸数を 10戸にして 事業規模にする （法人化を視野に入れる）	1年後	1戸購入後1カ月で 2戸目を購入 （1戸目で様子がわかり 不安がなくなった）
4年後	所有戸数を 7～8戸に増やす （量的効果で資産形成を 加速）	2年後	2戸を購入し 合計4戸 （安定した家賃収入を実 感）
3年後	所有戸数を 5戸まで増やす （資産形成を軌道に乗せ る）	3年後	1戸を購入し 合計5戸 （個人事業主となる）
2年後	所有戸数を 3戸まで増やす （空き室リスクを減らす）	4年後	3戸を購入し 合計8戸 （家賃収入と退職金で繰 上げ返済も進める）
1年後	不動産投資を開始 まず1戸を購入 （まずやってみる）	5年後	2戸を購入し合計10 戸となり目標達成！ （不動産投資家として夢 を実現）

夢ロードマップ

______年（__歳）　ワンルーム10戸をもつ
（右ページ実践例参照）

______年（__歳）　投資収入1000万円

______年（__歳）　会社の役員になる

______年（__歳）

______年（__歳）　自宅を建て替える

______年（__歳）

______年（__歳）　法人を設立する

______年（__歳）　本を出版する

______年（__歳）　経済自由人になる

夢マインドマップ

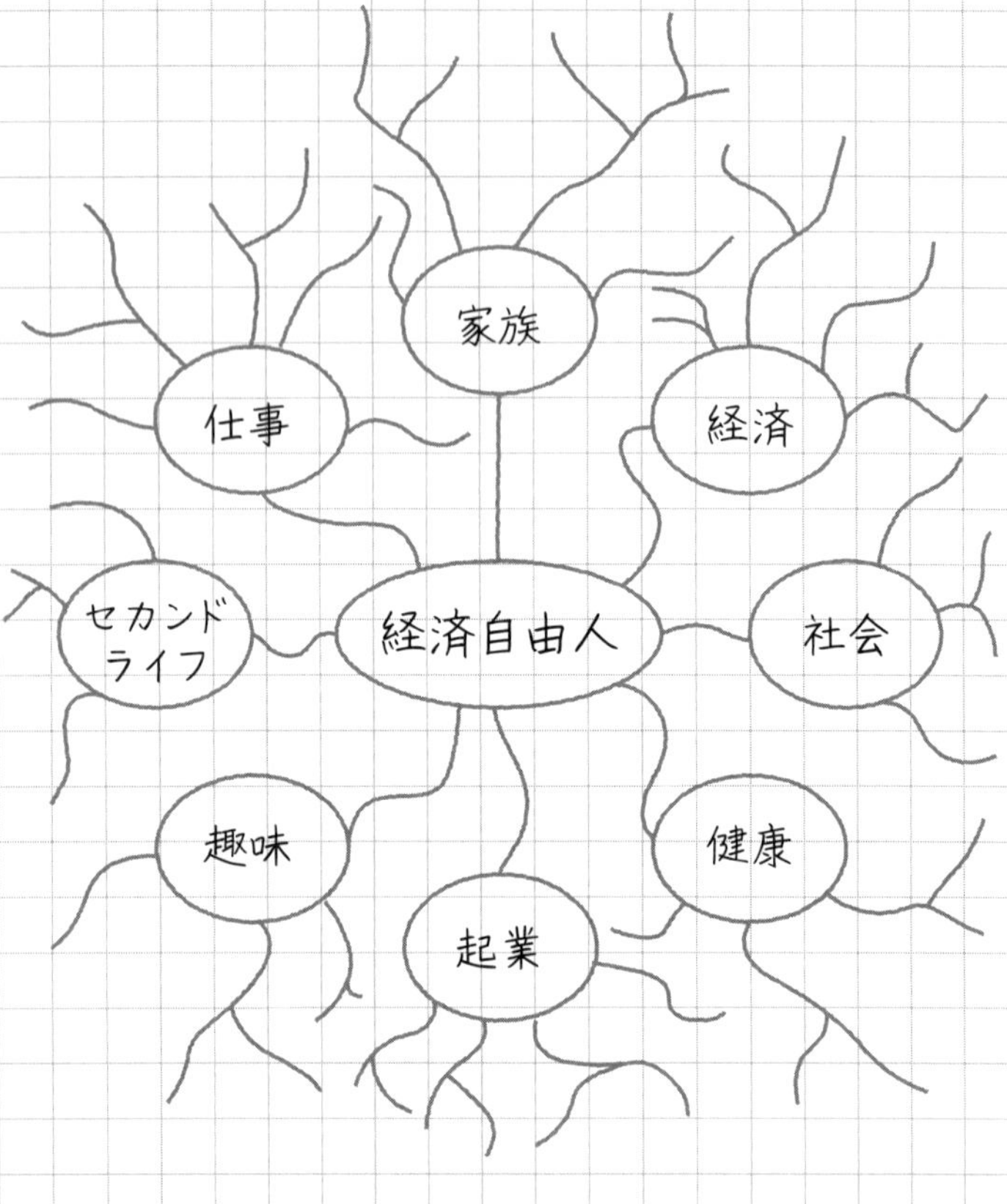

次は「夢マンダラチャート」（98ページ参照）。これは3×3＝9マスの表に九つの夢を書くものです。これも中央のマスに最終目標である「経済自由人」というキーワードを置いて、それに関連する八つのジャンルの夢を書いています。

手帳がいっぱいになって新しい手帳に買い替えるときには、また同じように書いておきます。ただ夢の内容は時間の経過によって少し変わっていきます。この手帳も10冊以上になり、何にも代えがたい宝物です。

5-4 手帳に書くと夢がかなう

「手帳に書くと夢がかなう」と、よく自己啓発書に書いてありますが、まさにそのとおりで、10年以上前に書いた夢のほとんどは、いま読み返してみると実現しています。

経済自由人になる、退職しても収入1000万円超、自宅を建て替える、会社を設立し代表になる、本を出版する……これらは私が手帳に書いた夢のほんの一部ですが、すべて実現しています。

夢マンダラチャート

健康	仕事	経済
趣味	経済自由人になる	家族
起業	セカンドライフ	社会

私ばかりではなく、多くの成功者が、「目標を紙に書いたら実現した！」と語っているのです。経営コンサルタントの神田昌典氏は著書『非常識な成功法則』（フォレスト出版）の中で、目標を紙に書きカバンに入れて持ち歩くだけで効果があると語っています。

どうしてなのか？　これには諸説あるようですが、一つは、「紙に書くと、脳がそれに関連する情報を無意識に集め始める」というもの。つまり、潜在意識に働きかけることによって脳が超高速で動き始めるというのです。潜在意識は顕在意識の何十倍ものキャパシティがあるといわれていますから、通常では考えられないパワーを引き出すことができるのです。結果、実現する可能性が加速度的に高まるのです。

もう一つは、「紙に書くと、脳内のイメージが言葉として解き放たれ、意思を持ったかのように勝手にイメージのような未来を創り始める」というもの。いわゆる言霊の力です。言葉には意思があり、力がある。イメージを言葉にすることで、実現へのステップが動き始めるということなのです。

どちらが正しいというわけではありません。信じるかどうかは、あなた次第。ただ、自分の経験からいっても、「紙に書く」＝「言葉にする」ということが、脳内に実現へのスイッチを入れることは確かなようです。疑う前に、まずは試しに書いてみてはいかがでしょうか。それまでぼんやりとしたイメージでしかなかった目標や夢が、言葉にすることでくっきりと見えてくることに気づくはずです。

私の場合、手帳に「Wish List（ウィッシュ・リスト）」（次ページ参照）というものも書きとめています。ウィッシュ・リストとは、自分がなりたいこと、やりたいことなどの願望を箇条書きにしておくものです。長い文章である必要はなく、ほんの1行で十分。内容も、現実的なものから思いつきに近いものまで何でもOK。一度つくってもそのままではなく、思いつくたび書き加えたり実現したものはチェックを入れたりします。

私の場合は大きく健康、仕事、資産形成、趣味、家庭、コミュニティの6種類のカテゴリーに分けています。

それぞれに分けて願望を書きためておきます。このほうが漠然と考えるよりもリストアップしやすいのです。

願望は突拍子もないものだと実現性が低く、逆に現実的だと夢としてワクワクしない。ちょっと背伸びをして叶うくらいがちょうどいいでしょう。羅列した「ウィッシュ・リスト」を時系列化したのが「夢ロードマップ」。イメージとして体系化したのが「夢マインドマップ」。チャート化したのが「夢マンダラチャート」ということです。

Wish List

1. 投資資産1億円　億り人になる
2. 退職しても収入1000万円超
3. 自分の会社をもつ
4. 家を建て替える
5. ベンツかポルシェに乗る
6. ビジネスクラスに乗る
7. 本を出版する
8. 薪ストーブライフを楽しむ

⋮

ちなみに「叶う」という文字は口に十と書きます。10回口に出せば叶うということです。10回というのは一つの言い回しで、最低でも10回、多ければ多いほうがいいのです。「ウィッシュ・リスト」を毎日眺め、口に出していれば、いつか願いが叶うかもしれません。願望やポジティブな言葉を夜寝る前とかに毎日繰り返して声に出すことをアファメーションといいますが、このような習慣を取り入れることで回数も増え、実現に近づいていくといわれています。

5-5 人に見られることで、自己投資の意識は高まる

インタナライズする仕組みはほかにもあります。ブログもしかりです。私は本を読んだ感想、セミナーに行って影響を受けたことなどをブログにつづるようにしています。これは自分の備忘録としてつけているのですが、読んだ人から感想をいただくこともあり、励みになっています。

サラリーマン時代には、ほぼ毎日投稿していました。セカンドライフに入ってからは不

定期に月数回書くのみになりましたが、累計では4000回弱のエントリー数になっています。

そんな記録をつけるツールとして、ブログは最適です。手帳やダイアリーに書くのも一法ですが、ブログであれば不特定多数の人の目にさらされる。ということは、炎上するような無責任なことは書けず、緊張感を持って文章を練る必要があります。

さらに、「いいね」と賛同してもらい、ランキングボタンにクリックしてもらうことは信任投票を受けているようなもの。励みにもなり、ポイントがつかないときは反省の材料にもなります。あとでキーワードから記事を検索することも可能です。

ブログに日々の自己投資を記録してきたことで、いつ、どんなことを考え、行動してきたかがわかるようになっているのです。これはまさに自分の思考歴であり行動歴。このような習慣を得られるのがブログのメリットです。

このようにネットで自己投資を発信することは不特定多数の目にさらさられるので、誰にも知られず一人で自己投資をしているよりも効果が高い。これは「ホーソン効果」といわれるものです。

「ホーソン効果」とは、1924年から1932年まで、米国ウェスタン・エレクトリック社のホーソン工場で行われた、人間の動機づけに関する実験のことです。
「照明が工場での作業に対してどのように影響するかを計測し、最初は照明をいつもより明るくすると生産性が上昇すると記録された。しかし、次に逆に照明を暗くしてみたところ、生産性が下がるかと思いきや従来よりも作業効率が上がった。これは一見すると不思議な現象だった。作業効率が向上した原因を分析した結果わかったのは、工場の幹部や同僚の関心を集める中で実験したため、作業者が注目されているという意識が生産性を高めたということだった」

実験では「人の視線にさらされている状態のほうが、集中でき効率が上がる」という結果が出ました。このように、あらかじめ仕組みをつくっておけば自己投資はつらいものではなく、楽しく続けられるようになるのです。

5-6 自己投資で大事なのは「継続する」こと

自己投資で大事なのは「継続する」ことです。成果が出るのに5年、10年とかかります

「継続」のためのステップ

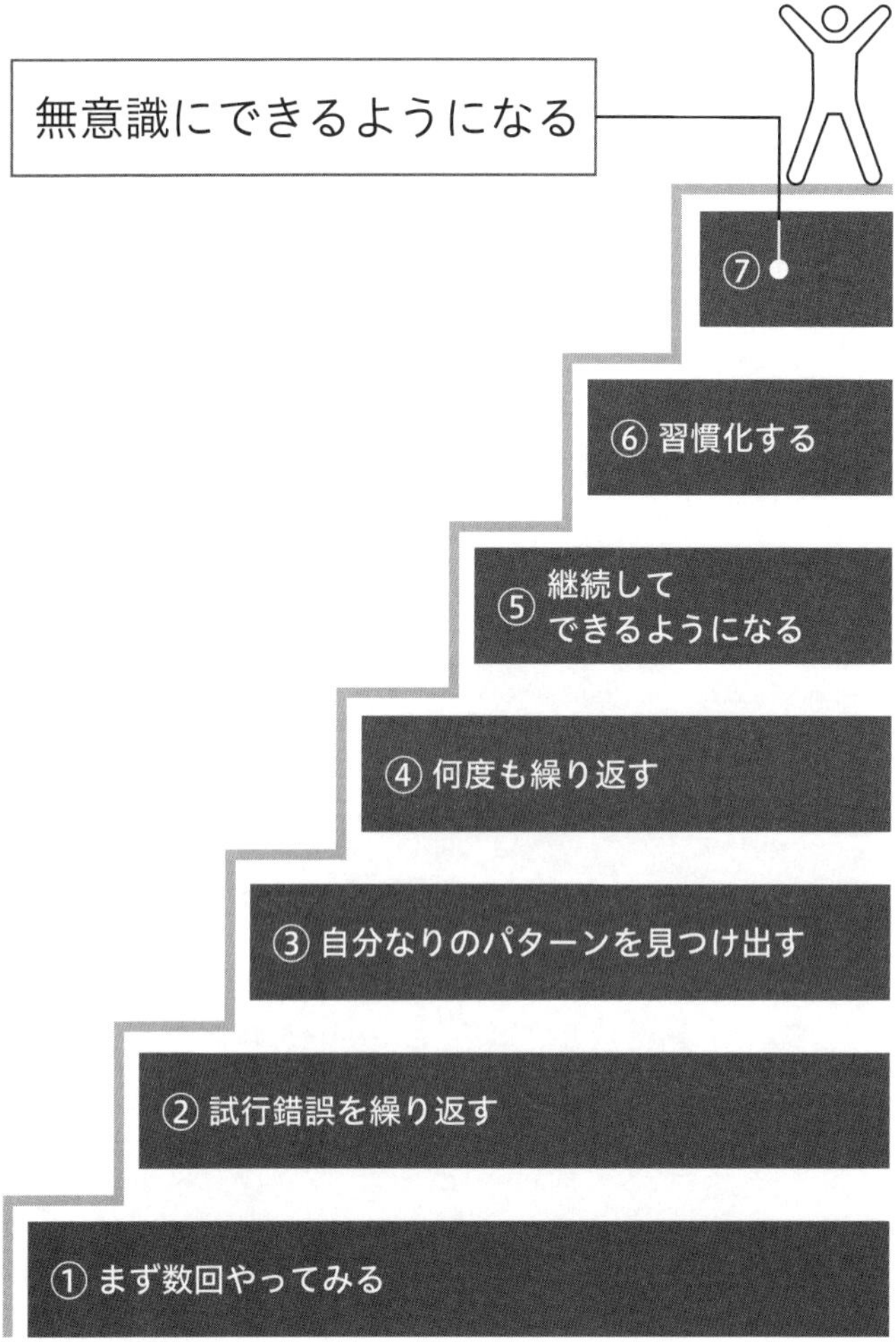
無意識にできるようになる
⑦
⑥ 習慣化する
⑤ 継続して
できるようになる
④ 何度も繰り返す
③ 自分なりのパターンを見つけ出す
② 試行錯誤を繰り返す
① まず数回やってみる

から、途中でやめては意味がありません。そのため、努力だけに頼らず仕組み化をすることで、最小限の努力で楽しく続けられるようになります。継続することの究極の姿は、「特に意識しなくても自然にできるようになること」です。

そのステップとしては、前ページ図のような段階を経ることです。

①から④まではけっこう努力が必要ですが、③の段階で仕組み化できれば④は自動的にできるようになり、⑤以降になるとそれほど努力しなくてもできるようになります。⑦までいけば理想です。

無意識にできるとは、いうなれば「呼吸する」のと同じレベルということ。どうせやるなら、そのレベルをめざしたいものです。

6 自己投資で差をつける考え方

自己投資とは未来の自分に投資することです。大事な自分に投資せず、ダラダラと日常に流されていたら、こんなもったいないことはありません。

ですが、そこまで自分に投資しているのは少数派です。だからこそ、自己投資に目覚めた人にはチャンスです。トップ3％のビジネスリーダーに手の届く距離にいるのです。

そこで、自己投資で人に差をつける考え方について述べておきます。

6-1 結果目標より行動目標

目標を立てても、なかなか達成できずに途中で挫折してしまう、そんな人も多いのではないでしょうか。それは、目標の立て方自体に問題があることが多いのです。

目標には大きく分けて、結果目標と行動目標の2種類があります。

目標というとすぐに頭に浮かぶのが結果目標です。たとえば、「お金持ちになる」とか「やせてスリムになる」とかです。結果目標は結果を出すことがゴールですから、ハードルが高く、なかなか達成できません。すぐにお金持ちになったりスリムになったりはできず、途中であきらめる人も多いでしょう。

これに対して、行動目標は「そこに至るまでに何をするか」です。たとえば、「家計簿をつける」とか「毎日の摂取カロリーを記録する」とかです。これだったら、毎日やるべきことをやっていれば達成は可能です。

まずは行動目標を達成して自信をつけ、継続していけば、やがて結果目標も達成できるようになります。いきなり結果目標をめざそうとするから無理があるのです。目標とする行動を継続し、日々の習慣にまで落とし込んでいけば、無理なく結果が得られるはずです。

6-2 自己投資は2割の成果でOK

自己投資をしてもすべてが役に立ち、身につくわけではありません。私はその何割かが回収できればＯＫと考えていて、その割合は2割と見ています。

たとえば、５冊の本を読んで４冊がハズレだったとしても、１冊が「読んで良かった！」と思えたらＯＫ。あるいは1冊の本を読んで、書いてある内容の２割が心に刺さったらＯＫ。十分に回収できたと考えます。

これはセミナーでも教材でも同じです。残り８割はムダになってしまいますが、そもそも自己投資で１００％回収はあり得ません。自分に向いていると思ったが、実はそうではなかったということもたびたびで、大いに期待して購入したら期待外れでがっかりしたこともあります。だからといって、ハズレを恐れていたら自己投資にお金を使うことはできません。そういう損失もコストと見たうえで自己投資すべきなのです。

ただ、そのコストは長い目で見れば回収できます。20％のアタリが、自分の中で育っていき、コストを上回るリターンをもたらすからです。

これは、「パレートの法則」と呼ばれるものです。「80：20の法則」ともいわれ、20％の要因からおよそ80％の結果が生まれるという現象を表す用語です（次ページ図参照）。

ですから、自己投資をするときは、20％が自分の身につけば80％の成果が出ると思って、目の前の損得はあまり気にせずにお金を使ってみるとよいのです。

パレートの法則の例

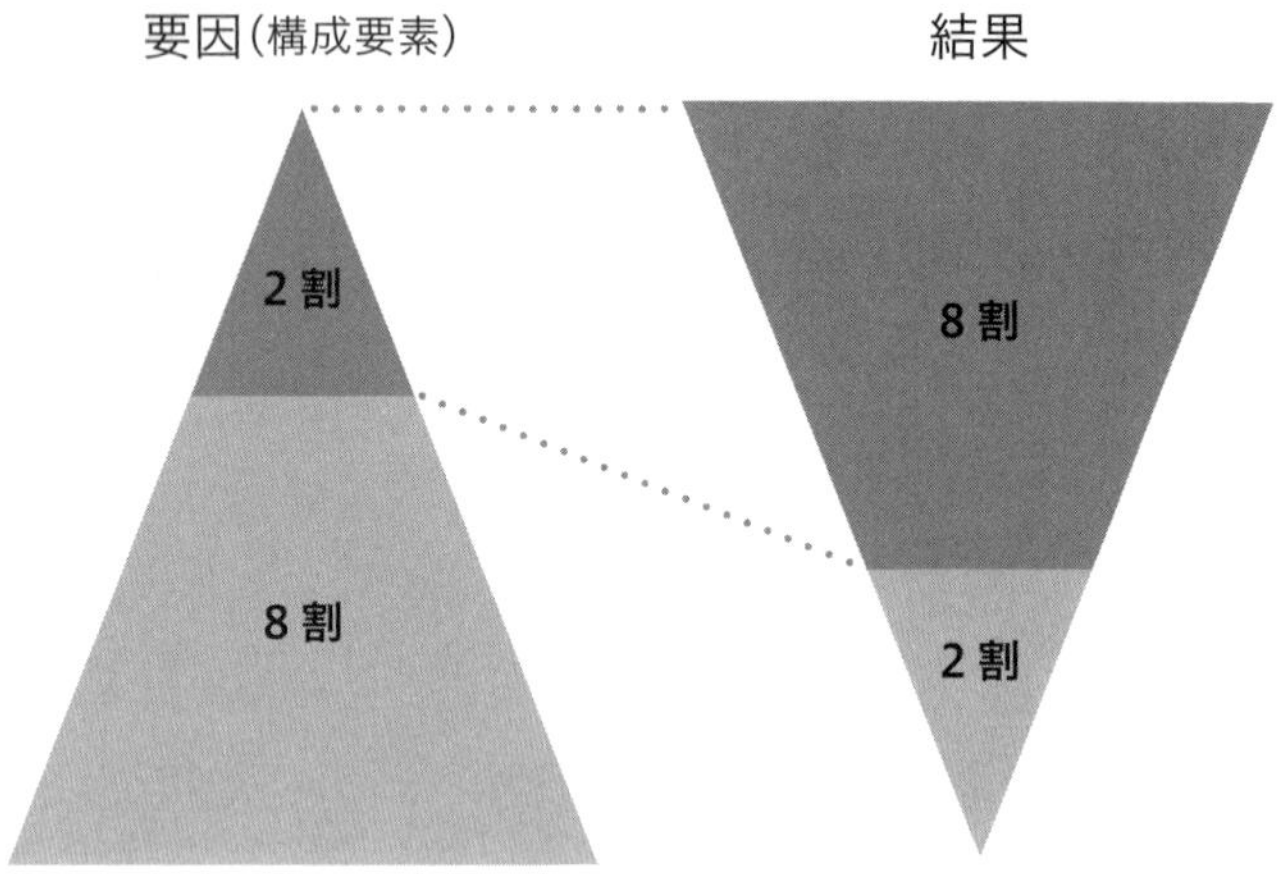

- 売上げの 80％は 20％の社員で生み出している
- 企業利益の 80％は全顧客の上位 20％がもたらしている
- 全商品の売上げの 80％は上位 20％の商品がもたらしている
- 仕事の成果の 80％は、費やした時間全体のうちの 20％の時間で生み出している

6-3 微差の積み重ねが大きな差になる

フィットネスに行っていて気がついたのですが、そこでエクササイズをしている人の中には、もう十分完璧に近い体の人が大勢います。まだ贅肉がついている人が体を絞るために通うのはあるでしょうが、その必要がない人が通っているのは少し意外な感じがします。

しかしそういう人たちにしてみれば、周りから見て完璧に近い体でも、自分ではまだまだ鍛錬が足りないと思っているのでしょう。それに、鍛錬を続けていなければ、いまの体型を維持できないということもわかっているのです。

セミナーでも同様です。それなりの結果を出して、これ以上学ぶことはないだろうというような人が熱心に受講しています。こうした人たちに共通するのは、ストイックで、現状に満足しないということ。目標はもっと高みにあり、そこに到達するにはまだまだ実力が不足だと感じている。だから、練習や学びをやめようとしないのです。

かたや、その他大勢の人たちはフィットネスにもセミナーにも行きません。目標がないから現在の状況が維持できればそれでいいと思っているのです。体がなまっても生活習慣すら直そうとしない。セミナーどころか、本さえ読まない人もたくさんいます。鍛錬する人がさらに鍛錬し、学ぶ人がさらに学べば、鍛錬も学びもしない人と差がつくのは道理です。しかも、その差はどんどん広がっていきます。

人生において大きな差になっていくのは、こうした微差の積み重ねです。自己投資とは、日々の微差を積み重ねていくことにほかなりません。

6-4 人生の激変をめざさない

私たちは毎日、さまざまな選択をして生きています。朝、何時に起きるのかから始まり、夜、何時に寝るのかまで選択の連続といっていいでしょう。しかし、そのほとんどは習慣化しているので、同じ選択となり毎日は同じようにすぎていきます。たとえば、朝何時に起きる、何時に出社する、何を着ていく、お昼に何を食べる、などは毎日同じような繰り返しでそれほど変わることはありません。

この状態で人生が変わることを夢見ても、無理なことは明白です。

例外的に、事故や災害に遭遇した場合は、わずか数分の時間差が生死を分けることもあります。あと少し早く出ていたら、あと少し遅く到着していたら……という場合です。しかしそれはあくまで偶然であり、その選択が正しかった、間違っていたということではありません。選択の善し悪しを問うのは無視していいレベルです。

では、ふだんの生活において、そうした選択を変えたら人生は変わるでしょうか。

残念ながら、可能性はほとんどゼロです。起床時刻、服装、食事内容を変えたからといって、急に人生が変わることはありません。

ただし、それは単発的な選択変更の場合です。1回や2回で変わらない選択でも、それを毎日365日繰り返していたとしたらどうでしょう。

・毎日これまでより早く出社して仕事に取りかかる
・これまでより明るい色の服を着る
・これまでよりカロリーの少ないヘルシーなメニューを選ぶ

これらの選択を毎日繰り返したら、1年後、2年後には仕事の評価も上がり、印象も明るくなり、体もスリムになるのではないでしょうか。

小さな選択の違いでも、それが何百回、何千回の積み重ねになれば、確実に人生は変わっていきます。人はよく、ある日突然人生が激変することを夢見たりするものです。ところが、そんなことは事故や災害といった悪いほうに変わることはあっても、良いほうに変わることはまずありません。そうではなく、毎日の小さな選択の積み重ねで中長期的に人生を良くしていくほうが現実的です。

あなたがいまやるべきは、目の前のことについてどんな選択をするか、そしてその選択をこの先ずっと続けていけるかを決めることなのです。すごく簡単なことですが、実際にやっている人は少ないのが現実です。

6-5 まわりに振り回されない

私たち現代人は、忙しい毎日を送っています。なかなか自分のペースを維持することもできません。ともすると、いろいろなものに振り回されています。振り回されるものには

「人」「モノ」「時間」などがあり、本来なら自分がコントロールすべきはずなのに、逆に振り回されているのです。これでは振り回されるばかりで充実感などは望むべくもありません。

こんな振り回される状態から脱するには、次の二つのマインドセットが必要です。

マインドセット①　自分から主体的に動く

マインドセット②　揺るぎない自己評価軸を持つ

マインドセット①が必要な理由は、自分が主体的に動かず受け身に回っていると、いいように振り回されるからです。だからこそ、ほんの少しでも自分から取り組む姿勢が大切です。自分で考え、自分の意思で判断する。そのプロセスを一部分でいいから取り込むのです。

それだけでも、自分がコントロールしている感覚を持つことができます。

大事なことは、相手が人であれ、モノであれ、時間であれ、自分が起点になるという自覚を持つこと。振り回されない人生を送るには、それが肝になる考え方なのです。

マインドセット②が必要な理由は、人は、自分が人から評価されないのがいちばん怖いからです。仕事では特にそうですが、上司から評価されなければ昇格・昇進もできません。それゆえに評価されようと頑張り、相手にとって有用な人であろうとします。

ところが、他人の評価は自分ではコントロールできないので、不安になるわけです。たとえば自分では一所懸命やったとしても、上司の評価は自分の思っている評価より低いことがあるかもしれません。その自分の評価と他人による評価の差がジレンマになり、ストレスになるわけです。

ただ、他人の評価を気にしすぎると、自分ではコントロールできないだけに心が休まりません。常に他人にどう思われているかが気になるのです。

そうならないためには、自分基準の評価軸が必要です。誰がなんといおうと、自分ではこう評価するという基準を持ち続けることができるか。これがあると、他人の目に振り回されることはありません。

ただこれにも注意点があり、自己評価軸が甘いと単なる自己満足に陥ってしまい、他人からの評価をさらに落とす要因になります。まさに自己評価と他人による評価のバランスが大事なのです。

他人からの評価を客観的評価として認識しつつ、根底には揺るぎない自己評価軸を持つことが理想です。後章の証券投資や不動産投資にもいえますが、自己評価軸がしっかりしていると、変化に動じることなく一貫した投資姿勢を保つことができます。

6-6 「時間もお金もあったら……」は、ない

人に投資を勧めると、決まって返ってくる言葉があります。

「もし時間があったら……」

「もしお金があったら……」

その後に続くのは、「やりたいのだけれど、ないから無理です」というあきらめの言葉。

残念ながら、こういう発言をしている間は行動に移すことはできません。なぜなら、時間もお金も「あったら……」という状態に自然になることはないからです。

そもそも「ない」ことを前提で、そのための時間やお金をつくることから始めなければいけません。

時間がなければ、1日のうちでどんなことに時間を費やしているかを棚卸しして、優先

順位の低いことは削って時間を確保するのです。

お金がなければ、無駄遣いをしていないかチェックをして節約するなり、天引きをして強制的に資金をプールしなければいけません。

そういう努力をして、初めて投資に使う時間やお金ができるのです。時間やお金が天から降ってくるのを待っているようでは、いつまでたっても行動に移すことはできません。時間やお金は、あるとかないとかではなく、つくるかつくらないか、なのです。

以上、これまで述べた考え方を身につければ、次のステップに進むのはむずかしいことではありません。次章から二つめの投資についてお話ししていきます。

第2章

長期で取り組む証券投資

1

証券投資の基本を押さえる

さて、次はいよいよ証券投資です。自己投資だけでいいという人はここから先は読まなくてもいいですが、自己投資をすると金融リテラシーも身につき、必然的に証券投資にも関心が湧いてくるものです。

断言しますが、多くの人が証券投資をすることに不安を感じて踏み込めないのは、自己投資が足りていないから。その意味でも、まず自己投資ありきだと述べたのです。

1-1 多くの人が混同している「投資」と「投機」

多くの人は「投資」と「投機」を混同しています。多くの人が証券投資に対して抱いているイメージは「投機」です。株の売買でいかに儲けるか、いかに市場を出し抜けるかしか考えていないのです。これはもうゼロサムゲーム、勝つか負けるかの世界ですから負ける人も多く、怖いというイメージが独り歩きしているのです。

「投機と投資」の特徴は次ページ図のようなものです。

投機をする人は「トレーダー」

「投機」をする人は「トレーダー」と呼ばれます。多くの機関投資家、ファンドマネジャーなどはトレーダーです。彼らは会計期間ごとに収益を上げなければいけないので、短期で売買を繰り返し、期末が近づけば手じまいしようとします。

個人投資家でも日々の値動きで利ザヤを取ろうとする人は「デイトレーダー」と呼ばれます。いかに安く買って高く売るか（空売りの場合はいかに高く売って安く買うか）のトレードでは、プロでも勝ち続けるのは至難のワザです。

ゼロサムゲームというのは、利益を得た人と損失を被った人の総和がゼロになるということですから、勝つ確率は平均すると50％です。それでもプロであれば卓越した分析力、目利き力で勝つ確率を引き上げることができますが、一般投資家はほぼ勝てません。

たまに「これだけ稼いだ」という人がいますが、スポット的には稼げても持続して勝ち続けるのはむずかしいでしょう。

投機と投資

投機の特徴

- 売買によるキャピタルゲインねらい
- 短期の値上がり益で利ザヤをとる
- 市場の値動きに注目する

投資の特徴

- 配当によるインカムゲインねらい
- 長期的な企業価値の上昇を享受する
- 企業や市場の成長性・
優位性に注目する

デイトレードで何億稼いだという人もいますが、デイトレードなどせずに長期保有し続けていれば、放っておいてもその何倍も資産を増やせたはずです。デイトレードでは取引を繰り返すたびに手数料を取られ、売買益が出ればＮＩＳＡ口座でないかぎり所得税と住民税が差し引かれます。一方、保有し続けていれば取引手数料も税金も取られることはありません。デイトレードはどう考えても合理的なやり方とはいえません。

投資をする人は「オーナー」

一方、「投資」をする人は「オーナー」です。トレードするのではなく、いったん買ったら長期保有します。そして、企業が生み出した純利益から配当としてリターンを得るのです。長期保有している間に企業が成長し、企業価値を高めることで資産を増やしていきます。ですから短期的な株価の動きに惑わされることはないのです。

株を売却するとしたら、

- その企業の成長性に期待が持てなくなったとき
- 業界にその企業を揺さぶるような大きな潮流変化があったとき
- 株価が実力より明らかに上がりすぎているとき

・現預金や債券などとのポートフォリオを見直すとき
・ライフイベントでまとまったお金が必要なとき
・年齢的な限界を感じ後継者もいないので手じまいするとき

に限られます。そうでないかぎり永遠に保有するのがスタンスです。

そう考えれば「投機」と「投資」の違いが明確にわかるでしょう。著名な投資家ウォーレン・バフェットは企業の安定性・成長性・業界での強靭さを見極め、株価が割安になったときに買い、頻繁な売り買いはせず長期保有に徹して成功しています。そう、われわれ一般投資家はバフェットの真似をすればいいのです。

投資であれば「企業を応援する」ことができる

そもそも投機としてのトレードで売り買いしたお金は、その企業には1円も入りません。株を買った人が払ったお金は売った人に行くだけです。売った人は買ったときよりも高く売れれば儲けになり、安く売ったら損になるというだけです。

企業にお金が入るのは、その企業が株式公開したときと増資で新株を発行したときです。ですから株の売買で「企業を応援する」というのは嘘っぱちなのです。まあ、上値を追っていけば企業の時価総額が上がるので企業にとってはよいことですが、投資家からすれば高値づかみになるかもしれません。そうなれば常に売却のタイミングを考えていることになり、高値での安定は続きません。投資家の思惑によって株価が上下するのは企業にとっても好ましくありません。

では、長期投資だったらどうでしょうか。株の売買はトレードと同じですが、長期投資家は買った株を売らずに保有しているので市場には出回りません。株価が上がってもすぐには売らず、5年、10年かけてじっくりとさらに上がってくるのを待ちます。

下げの局面でも売らないので、株価の下げを抑える効果があります。いわゆる安定株主という立場なので、企業にとってはありがたい存在です。企業価値が上がれば敵対的買収もされにくくなり、企業は安定した経営ができます。すなわち「企業を応援する」ことになるのです。

投機が企業の応援にならず、投資が企業の応援になるというロジックは、これでおわかりいただけたでしょうか。そう考えると、これまで株式投資に抱いていたネガティブなイメージが払拭され、違った世界が見えてくるのではないでしょうか。

1-2

「長期」「分散」「積立」が証券投資の基本

では「投資」をする人は何に投資すべきなのでしょうか。前著『サラリーマンは50歳からがマンション投資の始めどき』では、初心者はリスクを過度に高めないために長期・分散・積立投資をお勧めしました。

「長期」には精神力・胆力が求められる

「長期」というのは、買ったら1年以上、できたら5年、10年と持ち続けることです。長期のスパンで見たら、1日の値動きはただのノイズにすぎません。世界経済や優良株は細かい上下動を繰り返しながらも、長期にわたって上昇していくものです。できるだけ割安なときに買うのは必須ですが、そこが底であることはまずありません。購入日の翌日にはさらに下がっていることが多いものです。

しかし、動揺することはありません。しばらく辛抱していれば、やがて底をつき上昇に転じます。それでも10年に何回かは大きく下落するタイミングがあります。過去のリーマンショックや大震災のときにも株価は大きく下げましたが、1年後には復活しています。ですからそこでも売ることはなく、逆にバーゲンセールだと思って買い増していくのです。

……というのは簡単ですが、実際にはタフな精神力が必要です。行動経済学に「プロスペクト理論」というものがあります。ノーベル経済学賞を受賞した行動経済学者ダニエル・カーネマン氏とエイモス・トベルスキー氏が発表した理論で、利益と損失が同額の場合、利益から得られる満足より、損失から得られる苦痛のほうが大きく感じられる心理現象のことです。たとえば、

・コインを投げて、表だったら1万円もらえる
・裏だったら逆に1万円を払わなければならない

というギャンブルを受けるかどうかという問題です。確率的にはもらえる確率と支払う確率は同じですが、多くの人は受けません。なぜかというと、1万円もらったときのうれしさより、1万円を失ったときの悲しみのほうが大きいからです。

このように、人は無意識に損失を大きく評価し、回避する傾向にあります。そのため、

損失が出ると動揺してしまうのです。

証券投資において、これを知っていることは精神的な安定を保つのに有効です。かつて驚異の運用成績を上げたマゼラン・ファンドを率いたピーター・リンチは「株で利益を得られるだけの知力は誰にでもある。問題は胆力だ」と語っています。でも、われわれ一般投資家はそこまでの胆力はいりません。株価を見て下がっていれば落ち着かなくなりますから、そんなに見なければいいのです。1週間に一度くらいチェックすれば十分です。

チェックすべきは、その企業の業績が好調なのか、マクロの経済状況はどうなっているかです。これを新聞や『会社四季報』で客観的にとらえておくと、主観的に動じることはなくなります。株価は一時的にトレーダーの思惑で変動しますが、基本的には業績に連動しているので、業績がよければ長期的に株価が大きく下げることはありません。

「分散」は益と損を許容できるバランス感覚が大事

「分散」というのは、資産を一つに投入せず、いくつかのポートフォリオ（金融資産の組み合わせ）で投資することです。よくいわれるのは、国内株式25％、国内債券25％、外国株式25％、外国債券25％の組み合わせです。

基本的な割合は４分の１ずつですが、リターンを増やしたければリスクを負って株式の割合を増やすのもいいでしょう。積極的か保守的かの投資方針やリスク許容度によって替えてもよいのです。また、そのときの年齢によって攻めるか守るかも違ってきます。

心がけていただきたいのは、分散投資においては利益と損失はセットであるということです。たとえば、為替が円高または円安に振れる可能性を50：50と考えると、円高期待と円安期待の両方に半分ずつ投資することになります。そこで、もし円高になったら、円高期待の投資分は利益を上げることができますが、円安期待の投資分は損を抱えることになります。両方合わせると損益はイーブンになります。

もし円高期待に60％、円安期待に40％の投資をしていれば、円高になると10％の利益が得られます。円安になれば10％の損失になりますが、損失額としては軽く済みます。

ところが、「投資で損失を出してはいけない」といったような精神的な縛りがあると、分散投資はできなくなる道理です。円高、円安どちらかに１００％投資して、うまくいけばすべてが利益になりますが、反対に振れたらすべてが損になる。これではギャンブルと変わりません。

分散投資で大事なことは、益が出る一方で損も出るので、それを許容できるようにしておくこと。プラスマイナスで益になればよいのです。

「積立」はほったらかしでも大丈夫なゆとりが求められる

「積立」というのは、相場を見て買うのではなく、毎月一定額を自動的に口座から引き落として買うという方法です。これは「ドルコスト平均法」といわれるもので、相場が安いときには多く買え、高いときには少ししか買わないので平均すると購入コストを下げることができます。

普通に考えると、相場が下がったら基準価額も下がって損したと思ってしまいますが、購入口数は購入金額を基準価額で割って算出するので、たとえば購入金額が10万円で基準価額が1万円だったら買える口数は10万口です（口数は計算式に1万を掛ける：100,000円÷10,000円×10,000=100,000口）。もし基準価額が8000円に下がったら、買える口数は12万5000口（100,000円÷8,000円×10,000=125,000口）に増えます。

しばらくして基準価額が1万2000円に上がったらどうでしょうか。10万口の場合は、資産は12万円になりますが（100,000口÷10,000×12,000円=120,000円）、12万5000口の場合は15万円（125,000口÷10,000×12,000円=150,000円）になります。口数が

2万5000口増えたのが効いているのです。実際には毎月の推移の累計で計算されるため、このような単純な計算式にはなりませんが、原理としてはこういうことです。ドルコスト平均法だったら、下がってもうれしいという意味がおわかりになったでしょうか。

投信積立は買うタイミングを自分で判断する必要がありませんから、ほったらかしでも資産を増やしていくことができます。投資初心者はまずこれから始めるべきでしょう。

毎月1万円の積み立てでもバカにはできません。1年で12万円、5年で60万円、10年たったら120万円です。がんばって月3万円を10年間積み立てれば元本で360万円、5万円を積み立てれば元本で600万円になります。その間に基準価額が上昇したら、それまでの購入口数が多ければ多いほど資産額は増えていくのです。

あくまで仮の計算ですが、利回りを5%として月3万円を10年積み立てると複利で460万円となり運用益は100万円、月5万円の積立なら10年で770万円となり運用益は170万円です。

この「長期」「分散」「積立」が証券投資の基本です。前著では、さらにコストの面から手数料の安いネット取引とインデックスファンドをお勧めしました。本書ではそれについてさらに詳しく投資方法を解説していきます。

2 証券投資で何を選ぶか

証券取引といえばかつては証券会社の窓口に行き、口座を開設して担当の証券マンに電話注文するのが通例でしたが、いまではネット証券にオンラインで口座開設して自由に売買注文するのが主流になっています。

なんといってもネット証券は店舗や販売員を持たないのでコストが低く、手数料も安くなっています。

2-1 ネット取引か対面取引か

ネット証券にはSBI証券、松井証券、マネックス証券、楽天証券などがあり、取引手数料が100円を切っているところや無料になっているところもあります。ただし、無料の証券会社はネットのみの対応で電話相談は不可のところが多いですから、自分ですべてできるという人向けだといっていいでしょう。

それと、頻繁にトレードを行う人には手数料の安さは魅力的ですが、長期投資の場合には取引回数も少ないので、それほど気にすることもないのではないでしょうか。ですから「証券投資を始めるにあたってちょっと不安で、窓口や電話で相談できたらいいな」と思う人は店舗のある証券会社を選ぶのもアリです。野村證券、大和証券、三菱ＵＦＪモルガン・スタンレー証券、ＳＭＢＣ日興証券、みずほ証券などですが、そういった証券会社でもネット取引には対応しているので、使い勝手が悪いわけではありません。

一つ注意していただきたいのは、相談するにしても「どんな商品がよいか」とは相談しないことです。彼らにとってのよい商品とは手数料収入が見込むことができ、売上げにつながる商品です。こちらの考えるコストパフォーマンスのある商品とは相容れません。リスクもコストも高い商品を勧められるのがオチなので、やめておきましょう。

対面取引にも妙味はある

実は私はネット取引をしていない証券口座を一つ持っています。これは対面販売に特化した証券会社です。顧客は主に年配の富裕層。彼らは余裕資金があるので、遊ばせている数百万円を預けておこうかという感覚で使っています。

その証券会社では運用担当者がつき、耳寄りな情報をいち早く電話で知らせてきます。買いどき、売りどきも知らせてくれます。手数料はかかりますが、情報価値が高いので使っています。

以前は経済評論家の長谷川慶太郎氏のニューズレターが毎週届き、時局を読むための参考にしていました。新聞やTVでは手に入らない〝とっておきの情報〟も含まれ、貴重な判断材料でした。残念ながら亡くなられてしまいましたが、80歳を超えてもその知識や情報処理のキレにはいささかの衰えも見られませんでした。

運用担当者との電話でのやりとりで購入した株が翌日に爆騰して、売り抜けたら1日で数十万円の利益が出たこともあります。恐るべき目利き力です。しかしそんな運用担当者の見立てでも、やはり勝ち負けはあります。買っても負けてもあまり気にならない余裕資金でやっている客が多いからこそビジネスになるのでしょう。

富裕層はこうした投資のしかたをしています。「長期」「分散」「積立」は、サラリーマンや一般投資家向けの投資法です。余裕資金が豊富にある人は、プレミアムな情報を手に入れて集中投資でお金を増やしているのです（インサイダー情報ではないので念のため）。

本書ではリスクの低い投資方法をお勧めしていますが、習熟してきてもっとリスクがとれるのであれば、このような投資方法もアリです。

私も資金の一部をこのように運用していますが、あくまでも証券会社の口座にプールしている資金の範囲内で取引をしています。利益が出たらそのぶんだけ引き出し、損失が出ても残高の範囲で収まるようにしています。証券会社から見たら、あまりよい客とは思われていないかもしれません。

2-2 インデックスファンドの限界とは？

次に、インデックスファンドです。インデックスファンドとは、株価指数に価格が連動するように設計された投資信託のこと。日本であれば日経平均株価やＴＯＰＩＸ（東証株価指数）、米国であればＮＹダウ平均株価やＳ＆Ｐ５００指数などに連動する商品です。個別株式銘柄のように選ぶ必要がありませんし、毎日、新聞やテレビ、ネットで値動きが報道されています。

これに対するファンドとしてはアクティブファンドがあります。アクティブファンドはファンドマネジャーが銘柄を選別し運用する商品です。

両者の大きな違いは手数料コストです。アクティブファンドは銘柄の調査・分析やマネジャー報酬などがかかっているので、購入時手数料が元本の3％近く、運営管理にかかる信託報酬が1％近くかかるものが多く、インデックスファンドの信託報酬が0・1％ほどなのに比べるととても割高です。

しかもアクティブファンドはインデックスファンドよりパフォーマンスがよいかというとそういうわけでもありません。金融庁の『資産運用業高度化プログレスレポート2023』によると、アクティブファンドがインデックスファンドに勝った確率は5年間で日本が35・8％、米国で15・1％。10年間では日本で33・3％、米国で13・4％にしかすぎません。どれも勝率5割を切っているのです。

これは先ほど述べた運用コストが高いことのほかに、期ごとに運用成績が求められるので短期で利益を確定しなければならないこと、顧客からの解約請求や分配金の支払いがあれば成長が見込める銘柄でも売却せざるを得ないことなどの構造的な問題があるからです。

ですからアクティブファンドを選ぶ場合には、運用方針を長期に設定しているか、運用成績が飛びぬけて良く、高コストを加味してもリターンが高いファンドを選ばなければ意味がありません。

インデックスファンドも万能ではない

それではインデックスファンドは万能なのでしょうか。残念ながらそういうわけではありません。理由の一つは、インデックスファンドにはさまざまな銘柄が含まれているため、優良株もあれば成長性のないゾンビ企業も含まれていることです。広い意味でいえば、そんなゾンビ企業にも投資していることになり、市場の効率性に反します。

もう一つの懸念は、日本株は今後成長し続けるのか？　ということです。グローバル展開している企業群は成長が見込めますが、国内を主要なマーケットにしている中小企業は高齢化・少子化の流れの中で徐々に衰退していくでしょう。それも一絡げに投資対象にしていいのかということです。それならば今後も成長が見込める優良銘柄に集中投資したほうが効率はよいわけです。

世界株のインデックスファンドなら日本株より成長は見込めると思いますが、別の点で効率性に疑問がわきます。というのは、全世界の株式に投資しているといっても、その構成比率を見ると米国が約6割で、2位の日本が5・3%、中国が2・7%、インドに至っては1・6%しかありません。つまり大部分を米国に投資しているのです。

その米国でも大きな比率を占めているのは、マグニフィセント・セブンと呼ばれる企業です。アルファベット（グーグル）、アマゾン、メタ（フェイスブック）、アップル、マイクロソフト、テスラ、エヌビディアです。これはもうITとAIテーマ関連株といってもいいかもしれません。

インデックスファンドもこれだけ内容が偏っていると、米国やIT、AI株がピークアウトしたらどうなるのかという懸念があります。本当は急成長が見込めるインド株に期待したいところですが、構成比率が1・6%では十分なリターンを得るのはむずかしいでしょう。それならばインド株に集中投資したほうがよいわけです。

ですから、とっかかりとしてはインデックスファンドが有用ですが、さらにリターンをめざすなら優秀なアクティブファンドや個別株式にも目を向けるべきでしょう。

矛盾しているみたいですが、リスクの低いインデックスファンドをベースにして、もっと高いリターンをねらって優秀なアクティブファンドや個別株式にも投資するのが理にかなった投資戦略だと思います。

2-3 優秀なアクティブファンドの見分け方

優秀なアクティブファンドや個別株式はどうやって見分ければよいのでしょうか。避けなければいけない投資対象は、次の三つがあります。

①購入時にかかる販売手数料や信託報酬の高いもの

購入時手数料が３％とか信託報酬が１％以上あるものはコストの高い投信です。投資信託を購入するときには、パンフレットや目論見書でまず手数料が何％に設定されているのかを確認しましょう。

②毎月分配型の投資信託

毎月分配金がもらえるのでお小遣い代わりになるといってありがたがる人も多いのですが、実はこの分配金がくせ者で、その原資は投資信託の資産から分配するため、そのぶん資産が減少します。するとせっかく上がった基準価額が下がり、なかなか資産額が増えていきません。

また、分配金には所得税がかかりますから、受取額はそのぶん目減りします。複利効果も望めません。それでも運用益が出ているうちはいいのですが、運用益が出ないと分配金を引き下げ、さらには元本分を取り崩して分配します。

これを普通分配金と区別して特別分配金といいますが、これは分配金といっても自分が投資したお金から払い戻しているようなものです。知識のない人は特別分配というと特別に分配されると思って喜ぶのですが、とんでもない話です。

③テーマ型投信

最近はやりのＩＴやＡＩ、ＳＤＧｓ、宇宙関連などはいかにも伸びそうなテーマですが、こうしたテーマ型投信が設定される頃には、すでに人気になって上がってしまっていることが多く、設定されてから参入しても手遅れです。

私が買った中で唯一成功したテーマ型投信は、高級ブランドをテーマにした投資信託です。グッチ、ヴィトンといったブランド品やポルシェ、フェラーリといった高級車、スイスウォッチ、フランスワインなどの企業に投資するもので、評価額は購入時の2倍以上になっています。これは欧米の需要が底堅いことに加え、アジアで富裕層が増えたことによるものでしょう。やはりお金持ちはブランド品に目がないのです。ブランド品はすたれることがないので、テーマとしては長く続けられます。

このほか、通貨選択型というのも注意が必要です。格付けの低い債券や新興国債券に投資し、金利の高い新興国通貨を選ぶことで高リターンをめざすものですが、投資対象がハイリスクであるうえに、ペソとかリアルとかランドといった新興国通貨の変動が激しいという為替リスクも引き受けなければなりません。

共通しているのは投資対象の組み合わせや儲けの仕組みが複雑で、理解しにくいという点です。目論見書を読むなり証券販売員の説明を聞くなりしても、すぐに理解できないようならやめたほうがいいでしょう。こうした投信はそもそも手数料が高く設定されているので、手数料をチェックすればほとんどはふるい落とせます。

いろいろケチをつけているみたいですが、初心者やリスクを理解していない人にとって避けるべきといっているだけで、全部ダメだと否定しているわけではありません。実際、私にしても毎月分配型で儲かった時期はあり、テーマ型でもアタリがあったことは先ほど述べたとおりです。

また、「はじめに」で述べたように、その人の投資方針に合っていればリスクを負うのもアリです。そうしたリスクを理解して投資するなら、それはそれでいいと思います。

2-4 直販独立系投信が最強のアクティブファンド

では、アクティブファンドで手数料が安く、わかりやすい投資信託はどういうものでしょうか。

私は直販の投信をお勧めします。直販というのは、ほとんどの投資信託が証券会社や銀行、郵便局などの販売会社を通して販売されているのに対し、投資信託の運用会社が直接投資家に販売するものです。直販投信は販売会社を通さずネット上で取引するので、手数料が低く設定されています。ノーロード（購入時販売手数料無料）で、1％程度の信託報酬のみかかるところが多いです。

独立系運用会社のさわかみ投信（さわかみファンド）や鎌倉投信（結い2101）、レオス・キャピタルワークス（ひふみ投信）、コモンズ投信（コモンズ30ファンド）などが有名ですが、いずれも運用責任者がそれぞれの投資哲学を持って優良と思われる銘柄を絞り込み、運用しています。

ファンド開設者は、さわかみ投信は澤上篤人氏、鎌倉投信は鎌田恭幸氏、ひふみ投信は藤野英人氏、コモンズ投信は渋沢健氏で、いずれも一家言を持っています。渋沢健氏は明治の実業家渋沢栄一の玄孫で、その経営思想が多少なりとも反映されているのかもしれません。

独立系直販投信は運用成績も優秀で、多くが日本株でTOPIXの騰落指数を上回る成績を上げています。また、多くが複利効果を最大化するために、分配金は出さない方針をとっています。そのぶん、値上がり益（基準価格の上昇）によって投資家利益を最大化することを目的にしています。ほとんどが日本株中心ですが、海外株に投資しているところもあります。運用報告会も頻繁に行われ、顧客重視の政策をとっています。

デメリットとしては、選べるファンドの数がどれも数本と少ないこと、複数の独立系投信に投資するためにはそれぞれ取引口座を開設しなければならないことです。

ファンドの数が少ないことについては、選択肢が少ないわけですが、逆にいえば運用に集中でき、顧客にとってもわかりやすく透明性が高いので安心できるとは思います。

ファンドの数を増やすために複数の投信会社に口座を持つこともできますが、ＮＩＳＡの取引口座は一つなので、複数の口座を開設しても残りは課税扱いになります。これはＮ

ＩＳＡの制度が変わらないかぎり、しかたのないことでしょう。

私はＮＩＳＡ口座のある証券会社のほかに、二つの証券会社、三つの投信会社に課税扱いの口座を持っています。本当はＮＩＳＡ口座のある証券会社に一本化するのが合理的です。ただ、一本化してもどのみち非課税枠を超過してしまいます。ＮＩＳＡ制度が始まる前から複数の口座を持っているので、せっかく運用実績があるのに解約するのももったいなく思い、そのまま使っています。

2-5 自動で資産運用してくれるサービスは買いか

特に自分は何もしなくても資産運用してくれるサービスもあります。

一つはファンドラップです。ファンドラップとは、顧客の運用スタイル、リスク許容度に応じて、投資の専門家が資産運用を代行してくれるサービスです。顧客へのヒアリングをもとに専門家が投資対象の選定や売買を代行してくれます。顧客は金融機関と一任契約を結び、運用はすべてお任せで定期的に報告を受けます。

楽ちんでよいように思えますが、元本保証はなく損失が出たらすべて自己責任です。手数料も高く、信託報酬に加えて投資一任報酬がかかります。購入した投資信託からもそれぞれ手数料が引かれるため、どれだけコストがかかるのかわかりません。よほど運用成績がよくないと、パフォーマンスは悪くなります。また、投資するには最低でも300万円程度のまとまった金額が必要です。

高い手数料を払って自分のお金を他人に預けて、損失が出たら自分で被るなど、私からしたらとんでもない投資対象ですが、退職金をこれで運用をしようとするサラリーマンも多いようです。

それと、最近話題になっているのが、ＡＩが自動で資産運用をしてくれるサービスです。ウェルスナビが代表的なものですが、入金と積立を設定するだけで世界約50カ国・約1万2000銘柄に分散して投資し、最適な資産配分をロボアドバイザーが自動で行ってくれます。年間手数料も最大1％ほどなので、初心者にはこれもよいかもしれません。

ただ、インデックスファンドや投資信託にもいえることですが、手間がかからない反面、投資を行ううえでの分析力、判断力といった能力は身につきません。能力を身につけたければ、やはりリスクの高い個別株投資をする必要があります。

3

投資脳を鍛える個別株投資

ここから先は無理にはお勧めしませんが、自分で選んだ企業の株式に投資するのもいいでしょう。自分の目でお宝銘柄を発掘するのは楽しいですし、投資脳も鍛えられます。ただし、ある程度の損失が出るのは覚悟してください。こうした損失はロスと考えるのではなく、授業料だと考えましょう。授業料を払ってよりよい株の見分け方を学習するのです。

3-1 『会社四季報』を読みこなす

個別株投資で大事なのは、失敗からどれだけ学ぶかです。ただし、立ち直れないほど大きな失敗はしない。その覚悟を持ったうえで個別株投資のやり方を見ていきます。

まず、東洋経済新報社が四半期ごとに発行している『会社四季報』を読むのが基本です。

『会社四季報』には上場会社3800社の会社情報や財務データが掲載されています。これを四半期ごとに読んでいけば、大体の会社が頭の中に入ってきます。とはいっても、隅から隅まで読破するのはむずかしいので、チェックする部分だけを重点的に読んでいきます。他の部分は気になった企業があったら読み返せばよいのです。

『会社四季報』は字が小さくて読みにくいのが難点ですが、紙面と活字の大きなワイド版もあります。価格はワイド版のほうが高いのですが、読みやすいので私はワイド版を使っています。紙の本が使いにくいと思う人は、Web版の四季報オンラインを使ってみてもよいでしょう。株価チャートや適時開示情報などにもリンクが張られているので、クリックするだけですぐに必要な情報に飛ぶことができます。

また、『会社四季報』の使い方を知りたい場合は、『会社四季報公式ハンドブック』（東洋経済新報社）を参考にするとよいでしょう。

最初にチェックすべき7項目

私が最初に読むときにチェックしている欄は、【特色】【業績欄】【材料欄】【株価指標】【配当】【業績】【財務】といったところです。

【特色】

会社の強みがコンパクトに解説されています。どのような事業を行っているのか、業界での地位・シェア、系列などがわかります。

【業績欄】

当期の業績や次期予想が定性的情報として記載されています。数字の情報が見たい場合は、左下の【業績】欄を見ます。

【材料欄】

最近取り組んでいる事業や研究開発の状況が示されています。ここにお宝のヒントがあることが多いです。

【株価指標】

①PER、②PBR、③株価、④チャートが記載されています。

①「PER」とは株価収益率のことで、株価を1株当たり純利益で割ったものです。何倍なら割安、割高という絶対的な水準はありませんが、PERが20倍以下ならそれほど割高ではないでしょう。

②「PBR」とは株価純資産倍率のことで、株価を1株当たり純資産で割ったものです。

これで純資産から見た株価の割安性がわかります。純資産は解散価値とも呼ばれ、１株当たり純資産と株価が同じなら解散価値と市場の評価は一致しています。ＰＢＲでは１倍となり、一般的に１倍を下回ると割安とされています。

③「株価」はここでは動きより最低購入額を見ます。基本的に売買は１００株単位なので、最低購入額が数百万円もする株はそもそも買えません。ここで自分が購入可能な株価水準なのかを確認します。

【配当】

各期の１株配当額や予想配当利回りが書かれています。配当利回りは１株当たり配当額を株価で割ったもので、２％以上はほしいところです。ただ、高ければよいというものではありません。配当が高くても株価が低迷している（買われていない）ということは、その会社のどこかに問題があるということです。利回りだけで判断するのは早計です。

【業績】

直近の売上高、営業利益、経常利益、純利益と次期予想が載っています。細かい数字は追いませんが、ざっくり見て安定して伸びているのかをチェックします。

【財務】

①自己資本比率、②ROE（自己資本利益率）、③キャッシュフローも要チェックです。

①「自己資本比率」が高くキャッシュリッチな会社は財務安定性がありますが、一方で資本やキャッシュを貯め込んでM&Aや研究開発、設備投資に使っていないかもしれません。そうなると将来的に成長が鈍化するおそれがあります。

②「ROE」はどれだけ効率的に自己資本を使って利益を上げているかを見る指標です。2014年の経済産業省プロジェクトで、当時一橋大学教授であった伊藤邦雄氏が座長となってまとめた「伊藤レポート」では、ROEの目標水準を8％とするなどを提言しました。これ以降、ROE向上に取り組む企業が増えています。

③「キャッシュフロー」は、キャッシュベースでの会社の財務状況を示すものです。損益計算書上で利益が出ていても、キャッシュが足りないことがあります。これを「勘定合って銭足らず」といいますが、利益は売上げと費用を調整すれば変えることができます。粉飾決算は売上げをかさ上げするか費用を少なく見積もって利益を大きく見せるものですが、キャッシュは嘘をつきません。キャッシュが尽きたら利益が出ていても倒産します。そのため、キャッシュフロー計算書でキャッシュの状況を見ることが大事なのです。

投資キャッシュフローは設備投資が多ければマイナスに、財務キャッシュフローは借入れより返済が多ければマイナスになることがあります。しかし、営業キャッシュフローは本業で得られるお金なのでプラスでなければいけません。それらを差し引きして残ったお金が現金同等物（現金や定期預金、譲渡性預金、コマーシャル・ペーパーなど）です。

以上をチェックして、気になった会社があったら付箋を貼っておきます。一通り目を通したら、付箋を貼った会社を詳しく読み返します。会社の沿革、事業内容、開示情報などをもっと知りたければ、会社のホームページのＩＲ情報を見ます。

そうしてその会社には事業の安定性、成長性はあるか、財務状況に問題はないか、市場シェアはどれくらいあるか、独自の技術を持ち参入障壁はあるか、株主還元はしっかりできているかを見極め、投資する企業を絞り込んでいきます。

3-2 銘柄を選定し、長期的な目線で株価の推移を判断

いよいよ買う銘柄が決まったら、チャートを見て株価の推移をチェックします。５年、

10年単位の動きを見て、いまどんな位置にあるのかを把握します。あとはどう判断するかです。株価が下がっているから割安だと思うか、まだまだ下がると思うか、上がっているから割高だと思うか、いやまだまだ上がるかと思うか。これだという答えはありません。自分で判断し、これだと思うタイミングで買いを入れます。

いまは証券会社のアプリで株価アラートという機能があり、そこに目標株価を登録しておけば、日々の値動きを気にしなくともその株価になれば通知してくれます。私はいつも数銘柄を登録しています。だいたい登録したことすら忘れた頃に株価が下がって通知が来るので、「登録していたんだ」と思い出して買うことが多いです。

買ったら日々の動きには惑わされず、じっくり育てる気持ちで保有し続けます。四半期ごとに最新の『会社四季報』で変化がないかをウォッチし、まだ保有に値するかを判断します。最初に読み込むのはたいへんですが、四半期ごとに目を通していると頭の中にデータが蓄積され、それをフォローしていく流れになります。だんだんと負荷は減っていくのです。

この方法で選ばれるのは結果的に大企業や有名企業になりがちですが、ときどきあまり知られていない中小型株にも掘り出し物があったりします。それが個別株投資の醍醐味といっていいでしょう。

株主優待はおまけ？

株主優待をねらって株を買う人もいますが、これはあくまでおまけとして考えておくべきでしょう。優待品をもらっても株価が上がらず配当も少ないのでは本末転倒です。

かつて家庭用サニタリー製品の製造販売会社の株を持っていたことがあり、株主優待で会社の商品の詰め合わせが送られてきたのですが、香りが強烈で使えず、ほかの人にあげてしまいました。飲食店の割引券や商品購入の割引優待もよくありますが、外食はそんなにするほうではなく、商品を買う気もないので、私個人はあまり魅力を感じません。もらってうれしいのは缶ビールのラインアップの詰め合わせくらいでしょうか。「株主優待するなら、そのぶん配当を増やしてよ」というのが正直な気持ちです。

最近は外国人投資家の株主割合が増えてきたこともあり、優待を使えない外国人投資家の不公平感をなくすために、株主優待を廃止して配当を強化する企業が増えています。株主優待に過度な期待は持たないほうがよいでしょう。

4

現在の株式市況をどう考えるか

２０２４年には日経平均株価は一時４万円を超え、バブル期の１９８９年の最高値３万８９１５円87銭を上回りました。「失われた30年」といわれた経済低迷期をついに脱することになるかもしれません。

「どうせまたバブルがはじけて下がるだろう」という意見もありますが、あの頃とは状況が違っています。

4-1 バブル期とは違う、いまの株高

いまの株高の特徴を列挙してみました。

(1)株を売買するメインプレーヤーが変わった

バブル期のプレーヤーの主体は国内の機関投資家や個人の富裕層でした。企業も本業そっちのけで財テクに走り、企業同士が互いに株を持ち合う「持ち合い株」も盛んでした。いまのプレーヤーの主体は外国人投資家です。現在では日本株を保有している投資家の30％が外国人です。売買代金では70％を外国人投資家が占めています。米欧株や中国株に比べて割安でカントリーリスクの低い日本株に注目が集まっているのです。

一方で日本の企業は政策保有株の持ち合いを解消する動きが強まっており、外国人投資家や個人投資家がその受け皿になっています。

(2)日本企業が効率的経営に舵を切った

バブル期の企業は売上高や利益などの量的拡大をめざしていましたが、いまはＲＯＥ（自己資本利益率）などを重視した効率的経営をめざしています。これは先ほど述べた「伊藤レポート」の中で、企業と投資家の対話による持続的成長に向けた資金獲得や企業価値の向上、ＲＯＥの目標水準を８％とするなどを提言したこと、東証が２０２３年に上場企業へ資本コストを意識した経営を要請したこともあと押ししています。

持ち合い株を売却するとか、採算性の低い事業や子会社を売却し構造改革を図る企業も増えています。外国人投資家もそうしたところを評価するようになってきています。

(3)株価指標で見るとまだまだ割安

ＰＥＲ（株価収益率）やＰＢＲ（株価純資産倍率）は、バブル期が異常に高かったのに比べ、いまは適正な数値で推移しています。バブル期のＰＥＲは60倍、ＰＢＲは4倍にも達していましたが、いまは株価が高いといっても利益や純資産も増えているのでＰＥＲが15倍、ＰＢＲが1倍を超えるくらいで割高とはいえません。

(4)コーポレートガバナンス、コンプライアンスなどに力を入れる企業が増えている

バブル期は証券会社の損失補塡（顧客の株取引の損失を肩代わりすること）、「飛ばし」（含み損のある有価証券を親会社から子会社へと転売すること）などの不正行為が横行していましたが、いまはそんなことができない仕組みになっています。

バブル後の１９９０年代から会計ビッグバンと呼ばれる会計基準の改革が行われ、連結財務諸表の重視、金融商品の時価評価、税効果会計、キャッシュフロー計算書、退職給付

会計、減損会計などが導入され透明性が増しました。日本基準からＩＦＲＳ（国際財務報告基準）に移行する企業も増えていて、海外の投資家にも企業の財務状況がわかりやすくなり投資を呼び込んでいます。

また、非財務的な面でもＥＳＧ（環境・社会・ガバナンス）を意識し、企業の社会的責任を全うする姿勢が求められているのです。

もっともやってはいけないパターンに注意

折しも本書執筆時点（２０２４年8月現在）で、日経平均株価が過去最大の暴落を記録しました。アメリカの景気減速懸念と日銀の利上げ方針による円高回帰が直接の原因ですが、企業業績は悪くなっていないのに、トレーダーの信用取引の追い証（追加保証金）が発生し、パニック売りが拍車をかけたのです。長期投資家には迷惑な話です。

新ＮＩＳＡを使って株式投資を始めた人は驚かれたと思いますが、長期で見れば5年前の日経平均株価は2万円ほどだったので、それに比べれば下げたといってもまだ高い水準です。今年になって高値で買ってしまった人は、買うタイミングが遅すぎたのです。いわゆる「話題になって周りの人が買い始めたから、自分も買った」というもっともやってはいけないパターンです。

しかし、これもバブルとは違い、株価の上げすぎの調整なので、アメリカの景気の下振れ懸念が落ち着けば、株価はいずれ戻ってくるでしょう。これまでにも何度も大きな下げはありましたが、長期で見れば1年ほどで戻り、それを上回ってきています。

トレーダーと違ってオーナーである長期投資家は、あたふたしないで企業の成長性を見ていればよいのです。投資信託の積立投資をしている人は、同じ金額で口数を多く買えるチャンスです。

私も日経平均株価が4万円を超えたときには、「しばらく購入はできないな」と思っていました。ところが、ほしかった株が希望価格まで下がったので買うことができました。

これが長期投資家の強みです。株価が安いときに仕込んでいるので、トレーダーが投げ売りをしているときにも売ることはなく、逆にバーゲン価格で買いに行けます。あとは株価が再び上昇するのをじっくり待てばよいのです。

4-2
期待される日本の個人投資家

この状況下で、外国人投資家とともに増えてきているのが個人投資家です。2024年から始まった新NISA（少額投資非課税制度）をきっかけに投資を始める人が増えているのです。

2023年度の個人株主数（延べ人数）は前年度比7％増の7445万人で過去最高となり10年連続で増えています。

新NISAでは、株式の個別銘柄と投資信託を購入できる「成長投資枠」と、投信を積み立てる「つみたて投資枠」があり、合計で年360万円まで購入可能です。新NISAを利用して自助努力で資産形成をめざす人が増えれば、これは日本経済にとって明るい兆しです。

外国人投資家に買われるということは、日本が買われるということ。それはそれで悪いことではありませんが、もしも大量保有して大株主になったのが非友好国の投資家だったら、その国の意向に沿った経営を強いられるかもしれません。そうなれば安全保障上の問題にもなりかねません。それを防ぐためにも、日本人投資家にはもっと株式を保有してもらいたいものです。

第3章

王道としての不動産投資

1

証券投資にはない不動産投資の魅力

証券投資をやったら不動産投資なんてしなくてもいいんじゃないの？　と思う人もいるでしょう。投資家でも証券投資だけやっている人、不動産投資だけやっている人も多く、なかには証券投資家と不動産投資家で、相手を否定しあうこともあります。

しかし私が証券投資と不動産投資の両方を行っているのは、どちらにもメリットがあり、両方をやることで相乗効果が得られるからです。

1-1 証券投資、不動産投資それぞれのメリット

証券投資のメリットとはどういうものでしょうか？

メリット1　少額資金でも始められる

積立投資ならネット証券であれば毎月100円からできます。個別株投資でも銘柄によっては10万円程度から買うことができます。

メリット2 マーケットがオープン

株価情報などが誰にでもリアルタイムで見られます。つまり透明性が高く、それゆえ投資初心者にはとっつきやすくなっています。

メリット3 流動性が高い

証券は営業日に市場で取引されているので、現金が必要になって売ろうと思えばそのときの相場ですぐに換金できます。

では、デメリットはどうでしょうか。

証券投資には融資が下りません。たとえば自己資金が100万円しかなかったら、手数料込みで100万円分しか買えません。投資信託や株に300万円を投資したいと思っても、そのために銀行が残りの200万円を貸してくれることはありません。すべてを自己資金でやらないといけないので、ポジションが大きくとれず資産拡大につながりません。

また、証券市場には世界中から無数のプロや機関投資家が参加しているので、競争が激しく、個人投資家がトレードで勝つのは容易ではありません。値動きも激しく、世界情勢や経済政策などによって資産価値が上下します。○○ショックとかがあったら1日で2割、3割下落することもめずらしくありません。そういったリスクを最大限少なくする方法として長期投資をおすすめしているわけです。

税制面でもNISA口座でなければ、配当金、売却益には所得税・住民税あわせて20％の税金が課せられます。相続税の評価額は、相続開始日の時価で計算されます。これらの理由により節税の面からは不利です。

不動産投資のメリット

では、不動産投資のメリットはどういうものでしょうか？

メリット1 金融機関との取引で融通が利く

不動産投資では物件の購入に数百万円、数千万円といった大金が必要です。これは証券投資に比べてデメリットではありますが、金融機関から融資を受けレバレッジを活かして少ない手元資金で購入することができます。

しかも、保有している物件を担保に新たな融資を受けることも可能なので、多額の資金を持っていなくとも多数の物件を所有することができます。

メリット2 毎月定額の収入が入ってくる

証券投資では配当金でも基本は年2回で、配当金だけで暮らしていくのはむずかしいでしょう。たとえば年300万円の配当金を得るとしたら、税金を考慮しないで計算しても、利回り3％とすると1億円の元手が必要になります。配当金以外にキャッシュを得たければ売却しなければなりません。売却すればキャッシュは入りますが資産は減り、複利効果が薄まってしまいます。

配当金がボーナスだとしたら、家賃収入は月給のようなものです。何もしないでも毎月チャリンチャリンとお金が入ってくるのは安心感が違います。配当金はボーナスと同じく企業の業績が悪化したら減るか無配になってしまいますが、家賃は月給のように一定額で、景気が悪くなってもすぐに減ることはありません。

メリット3　税制面で優遇されている

購入した建物は経年劣化して毎年、資産価値が下がっていきます。これを会計用語で減価償却といいますが、これを費用に計上することができます。キャッシュアウトがともなわない費用なので、会計上の利益を上回る資金が手元に残るのです。そして、その資金を使い新たな物件を購入すれば、資産形成スピードはより早まります。

メリット4　生命保険代わりにもなる

賃貸不動産をローンで購入すると団体信用生命保険に加入します。自分が死んだとき、これでローンの残債を支払うことができ、家族にはローンのない物件を残すことができます。家賃収入はそのまま相続人である家族に引き継がれるので、残された家族の生活も心配しなくてすみます。

メリット5　インフレでも価値が目減りしにくい

現金で持っているとインフレで価値が目減りしてしまいますが、収益資産に置き換えておけばその心配もありません。建物は経年劣化により資産価値は減っていきますが、土地は好立地であれば大きく下げることはなく、逆に上がることもあります。

メリット6 年金を加えて、余裕のあるセカンドライフを送ることができる

家賃収入を年金にプラスすれば余裕のあるセカンドライフを送ることができます。

年金に加えて毎月定額の家賃収入が入ってきたら、どれほど心強いことでしょうか。私の場合は家賃収入がメインになってしまって、年金がプラスアルファのお小遣いという感覚です。

なお、デメリットとしては、物件数に限りがあり優良な物件を見つけるのは個人ではむずかしいこと、管理の手間があること、過度な借金は空室ができて家賃収入が途絶えたら家計の破綻にもつながりかねないということです。

デメリットも事前に対応策を立てておくことで軽減できます。メリット、デメリットを正しく理解し、証券投資と不動産投資で補いあえば、理想の資産形成が実現します。

1-2 不動産投資はミドルリスク・ミドルリターン

証券投資はハイリスク・ハイリターンといわれています。デイトレードなどの投機的なものやＦＸ（外国為替証拠金取引）などはその最たるものでしょう。証券投資でも長期投資であれば、リスクはもっと抑えられるのは第2章で述べたとおりです。

不動産投資はハイリスクと思われている人も多いようですが、しっかり対策をしておけばコントロールできます。では、不動産投資にはどんなリスクがあるのでしょうか。

大きく分類すると、左図のようなリスクがあります。一つずつ見ていきましょう。

リスク1 空室リスクと賃料下落リスク

オーナーになると、これがいちばん直面しやすいリスクです。空室になれば家賃収入は止まり、一方で管理費やローン返済は待ってくれませんから、収支は一気に悪化します。空室を埋めるために賃料を下げれば手取りが減るだけではなく、今後のキャッシュフロー

不動産投資のリスク

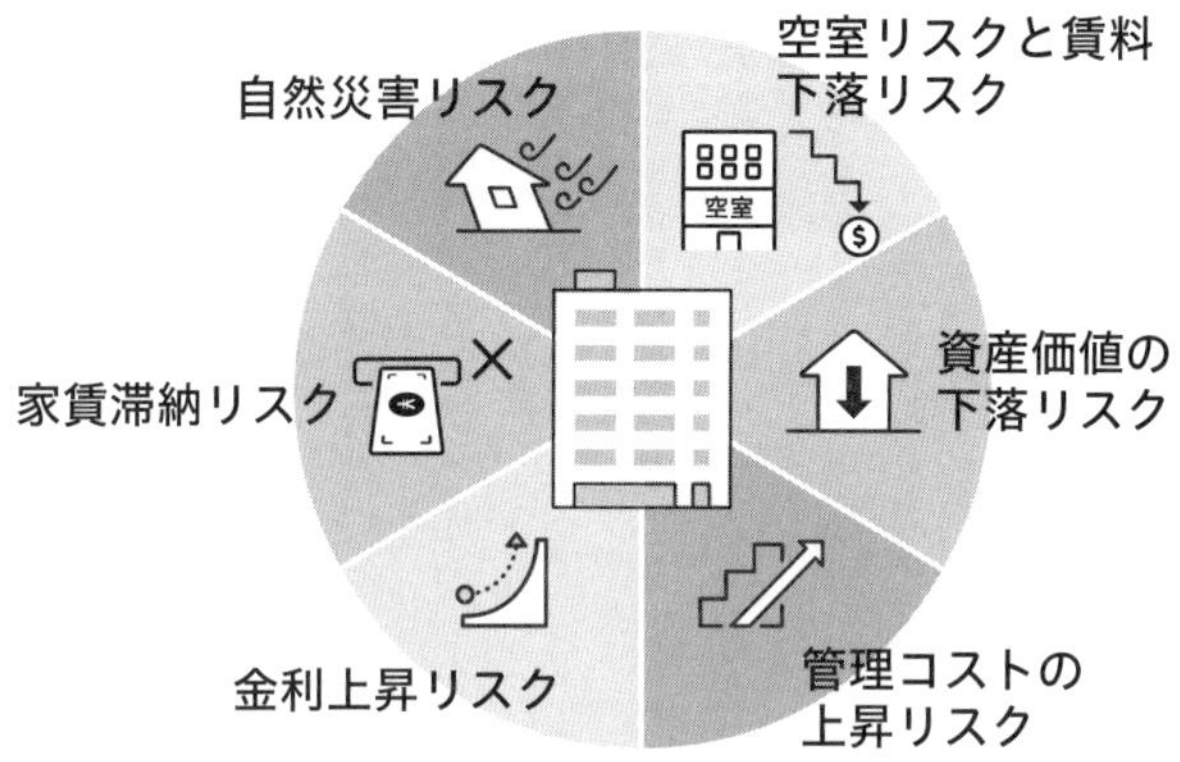

にも悪影響を与えます。

このリスクを抑えるには、入居者が付きやすい立地や投資物件を厳選することです。たとえば人気沿線の駅近であれば、賃貸需要は多く、それほど心配することはありません。

リスク2 資産価値の下落リスク

建物の管理が不全だと、資産価値は下がっていきます。地方の物件だと、人口減で土地の価格も下がるおそれがあります。また、新築物件は広告費や販促費が上乗せされているため販売価格が高く、売却時には中古として査定されるため資産価格は大幅に下がります。

このリスクを抑えるには、人口が多く賃貸需要のある都市部を選ぶことと、経年劣化を防ぐため管理会社と連携して適切な建物管理を行うことです。また、自分でアパートでも建てて賃貸するのでなければ、新築にこだわる必要はないでしょう。

リスク3 管理コストの上昇リスク

賃貸不動産には管理費や入居者募集費、修繕費などの維持コストがかかります。通常は家賃で吸収できるのですが、大きな修繕が必要になったりするとコストのほうが上回り、赤字になってしまいます。

このリスクを抑えるためには、優良な管理会社とパートナーシップを組み、こまめなメンテナンスを行うことです。そうすることで建物が劣化するのを防ぎ、大きな修繕の発生を予防することができます。

リスク4 金利上昇リスク

これまでは金利が低く、あまり気になりませんでしたが、日銀の政策金利の引き上げにより金利上昇リスクが出てきました。金利上昇で怖いのは、多額のローンを抱えて投資している場合です。不動産投資にローンはつきものですが、レバレッジをかけすぎると一気に資金繰りが悪化します。このリスクを抑えるには、フルローンなど多額の借金をしないこと、できるだけ固定金利型のローンを選ぶこと、繰上げ返済を心がけることです。

リスク5 家賃滞納リスク

入居者が家賃を滞納するのはレアケースですが、滞納されたら影響は大きいです。督促する手間も発生し、その間、家賃収入も途絶えます。入居者は借地借家法により権利が守られているため、「払えないなら出ていって」とはいえません。

このリスクを抑えるには、自分で対応するより優良な管理会社に任せること。そのほうが安心です。督促・集金はもちろんのこと、いざとなれば明け渡し訴訟の手続きまで代行してくれます。私も一度お世話になりました。

リスク6 自然災害リスク

地震や台風などの自然災害に加え、火災に見舞われるケースもあります。完全に防ぐことはできませんが、軟弱地盤ではないか、河川より低い土地ではないか、木造住宅密集地ではないかなど、立地の特性をチェックして投資物件を決めることが大切です。

また、建物も木造より鉄筋コンクリート造のほうが頑丈で燃えにくく安心です。火災保険や地震保険への加入も必須です。

このように、リスクは適切な予防策を立てておけば最小化でき、顕在化したあとでも対応は可能です。証券投資に比べ不動産投資はミドルリスク・ミドルリターンといってよいと思います。では、「どんな投資物件にすればよいのか？」については、あとで詳しく解説します。

1-3 インカムゲインの利回りでは不動産投資に軍配

不動産投資といっても対象はいろいろあります。戸建て、一棟マンション、区分マンション、一棟アパート、空き家再生、駐車場、シェアハウスなどなど。

不動産投資に大事なのは利回りですが、利回りの水準は戸建てが新築で10％から中古で18％くらい。一棟アパートが新築で８％、中古で10％くらい。区分マンションで新築が５

%、中古が8%くらいです。投資対象によっても利回りは違い、個別物件でも条件次第で利回りは変わってきます。一般社団法人日本不動産研究所「第50回不動産投資家調査」によると、全体平均では4～5%くらいといわれています。

一方、証券投資の配当金利回りは、日本取引所グループ「プライム市場の2024年1月～6月加重平均利回り」によると、およそ2%です。

売却益は含めず、どちらもインカムゲインである賃料と配当金の利回りですが、全体の利回りでは、不動産投資に軍配が上がります。ただ、あとで述べるように、一口に利回りといっても投資対象によって違いがあり、地域によっても差があります。

それでも全体で見れば不動産投資の利回りは証券投資を上回り、証券投資に比べて変動の少ない安定した利回りを得ることができます。

1-4 投資対象は表面利回りだけで選ばない

単純に利回りが高いほうがよいと思うかもしれませんが、利回りには表面利回りと実質利回りがあり、表面利回りだけで判断すると想定外の事態になるおそれもあります。というのは、一般的な利回りは表面利回りで計算します。

・表面利回り＝年間の家賃収入÷（物件価格＋購入時費用）×100

ところが、より現実的な利回りは実質利回りで計算します。

・実質利回り＝（年間の家賃収入－年間の経費）÷（物件価格＋購入時費用）×100

違いは年間の経費を計算に反映していることです。年間の経費には管理費、修繕積立金、管理代行費などが含まれます。

算定式でわかるとおり、安い物件をそこその家賃で賃貸すれば表面利回りは高くなります。しかし、経費を加味した実質利回りは、それより低くなります。1％程度は下がるとみてよいでしょう。

さらに、ローンを組んで購入しているとしたら、それも反映させなければなりません。たとえば中古の区分マンションで実質利回りが6％として借入れ金利が3％とすれば、借入金の金利と投資物件の利回りの差であるイールドギャップは6％－3％で3％です。これが本当の利回りといってもよいでしょう。

イールドギャップが大きければレバレッジ効果が高いということになります。ただ、そ

不動産投資の魅力

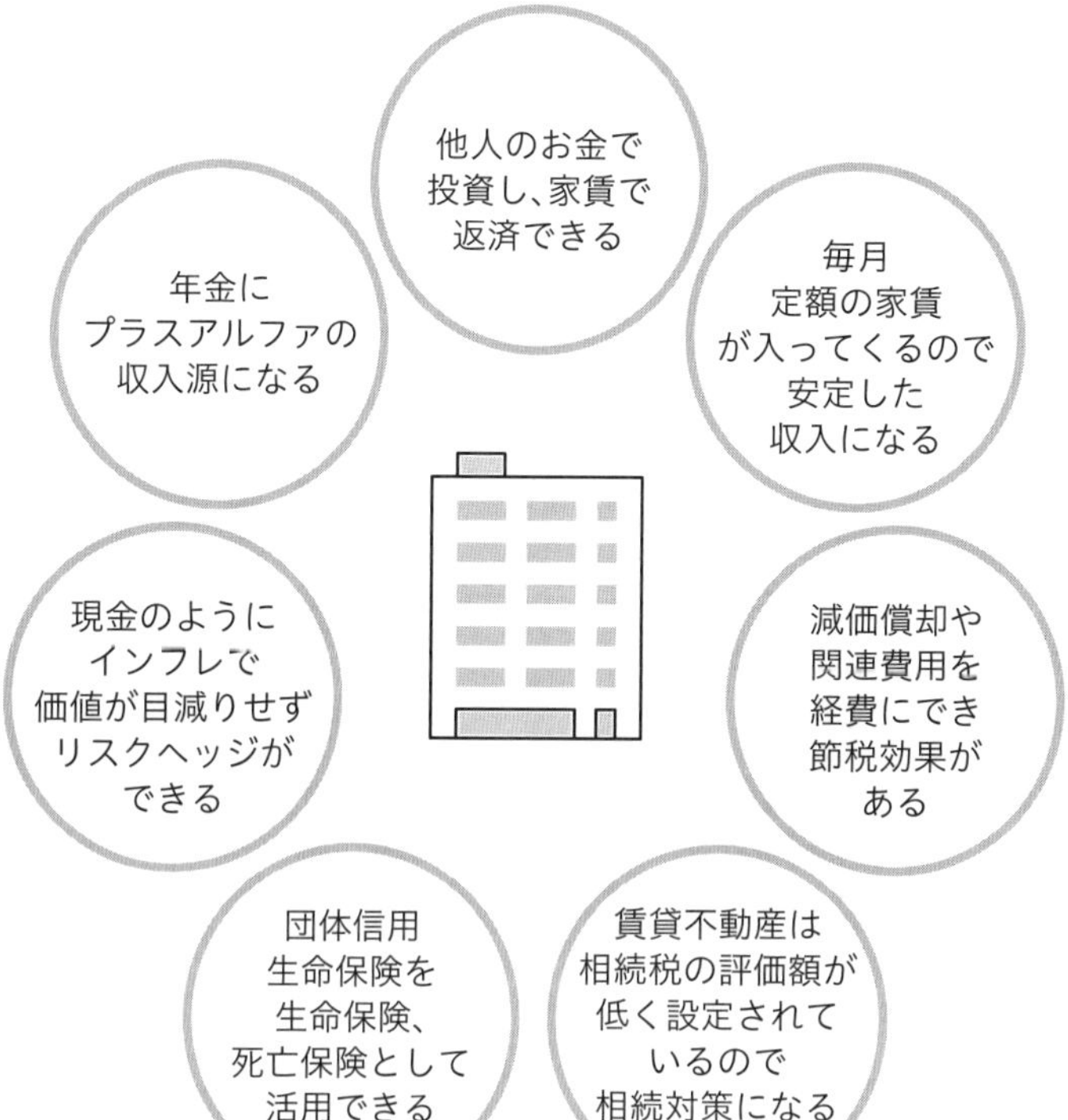
他人のお金で
投資し、家賃で
返済できる
毎月
定額の家賃
が入ってくるので
安定した
収入になる
減価償却や
関連費用を
経費にでき
節税効果が
ある
賃貸不動産は
相続税の評価額が
低く設定されて
いるので
相続対策になる
団体信用
生命保険を
生命保険、
死亡保険として
活用できる
現金のように
インフレで
価値が目減りせず
リスクヘッジが
できる
年金に
プラスアルファの
収入源になる

れだけではまだ十分ではありません。賃貸途中で修繕をする必要や空室が出たりすれば想定どおりにはいきません。戸建てやアパートはそのリスクが比較的高いので、その点は注意しなければなりません。

また、同じ投資対象でも都市部と地方によって利回りは違います。都市部では物件価格が高めなので利回りは8％程度が標準ですが、物件価格の安い地方では10％を超えることもめずらしくありません。しかし地方は人口が少なく需要も低いので、空室が出たら埋めるのは容易ではありません。

そういったことも考慮に入れて投資対象を見極める必要があります。

前ページに不動産投資の魅力をまとめてみました。

このようなメリットを享受するには、どのような収益不動産を対象にすればいいのか。いろいろな投資対象がありますが、ここでは想定読者であるサラリーマンに最適な不動産投資の堅実な方法を紹介します。

2 サラリーマンに最適な不動産投資とは

サラリーマンの副業として向いている投資対象は区分マンションです。マンションの一室ですから、1千～2千万円程度で購入できます。戸建てや一棟アパートに比べて構造が頑丈で、修繕の頻度も高くありません。10年に1回は大規模修繕工事がありますが、管理組合を通じて修繕積立金を毎月積み立てていきます。

サラリーマンにも手の届く価格で投資でき、費用も安くすむのは大きな利点です。

2-1 最適なのは東京中古ワンルーム投資

区分マンションにも種類があります。都市部のマンションか地方のマンションか、新築か中古か、ファミリータイプかワンルームか、などです。

私がお勧めするのは、「東京中古ワンルーム」。その理由については前著でも述べましたが、もう一度おさらいしておきます。

①なぜ東京なのか

東京は日本でいちばん人口が多く、他県からの流入人口も最多です。つまり入居者の需要があるのです。２０２３年の総務省統計局の住民基本台帳人口移動報告によれば、都道府県別転入数は東京都が12万６５１５人の転入超過、前年に比べ２万６９９６人の拡大となっており、大都市圏の大阪や名古屋と比べてもケタ違いで断トツです。

この傾向は以前からも変わらず、これからも変わることはないでしょう。ゆえに地方に比べて空室リスクも低く、賃料の下落もしにくいのです。

②なぜ中古なのか

中古は新築に比べて価格が手ごろで購入費用が安くすみます。また、すでに相場価格まで下がっているので、これ以上、下落しにくいのです。

新築物件は広告宣伝費も上乗せされているので、高いわりに一度購入して売却しようとすると中古扱いになり、下落リスクも大きくなります。新築に比べると中古は価格の妥当性、安定性で優っています。

中古と聞くとなにやらショボい印象を持つかもしれませんが、管理のしっかりしたマンションであれば、20年や30年経過したくらいでは構造自体に問題はありません。設備や内装は随時更新されているので、見た目にも遜色はありません。

③なぜワンルームなのか

ワンルームは、マンションで単身者向けの部屋です。いわゆる1Kというタイプで、専有面積は20平方メートル程度。小さいので維持管理費が安くすみます。入居者退去にともなう内装リニューアル工事も1週間程度と短く、空室期間も短くてすみます。入居者にとっても家賃が安く、単身生活だったらトイレ、バス、キッチンとリビング兼ベッドルームがあれば十分です。

これがファミリータイプだと部屋が複数あり維持管理費も高く、入居にあたっては家族全員が納得しないと決められないので空室期間も長くなります。

東京中古ワンルームには、こんなメリットも！

そのほかにも、東京中古ワンルームにすべき理由があります。

①少ない自己資金でも始められる

東京の中古ワンルームの購入価格は1000万円から2000万円台が中心で、頭金として5％程度、購入諸費用を入れても100万円程度の自己資金があれば始められます。新築や一棟ものに比べてサラリーマンでも手が届く金額です。残りはローンを組みますが、数千万円、数億円といった多額の借金ではないので負担は大きくありません。

②空室リスクが低く、分散できる

東京23区内であれば職場へのアクセスがよいので需要があり、駅近の立地であればさらに空室リスクを減らすことができます。また複数のワンルームを違うエリアに持っていれば、一つのエリアで需要が減ったとしても同時に空室になることはありません。

地震や火災が起きたときでも全部が使えなくなる可能性は低いでしょう。

③現金化しやすい

現金が必要になったときは、ワンルームであれば流動性が高く購入希望者も多いので、売却も比較的容易です。証券投資ほどではないにしても、不動産投資の中ではもっとも換金しやすいといっていいでしょう。

④相続のときに遺産分割しやすい

いずれ自分が死んだとき、複数のワンルームなら相続人である家族が遺産分割しやすいのも利点です。誰も自分の死後に家族が相続でもめてほしくないでしょう。残ったローンについては団体信用生命保険で完済でき、家族に負債を残す心配もありません。相続人には家賃収入が入りますし、賃貸などする気がないというのなら、売って現金化すればいいだけです。また賃貸用マンションは課税評価額が低く設定されているため、相続税の圧縮にもなります。

⑤管理に手間がかからない

大家さんというと、自分で建物管理をするとか入居者募集をしなければならないイメージがありますが、賃貸管理会社に委託すれば家賃の口座への入金から入居契約更新、小修繕、入居者募集などの管理は責任を持ってやってくれます。そのため会社の仕事に支障をきたすこともありません。

このように東京中古ワンルームは、新築物件やアパート経営に比べてサラリーマンに最適な不動産投資の対象なのです。不動産投資は投資する対象を選べば、ちまたでいわれているほどリスキーではなく、むしろ堅実な投資なのです。

2-2 東京中古ワンルーム投資は50歳からでも始められる！

東京中古ワンルーム投資は20代から50代までいつから始めても差し支えありません。

20代から始めれば時間のメリットを活かしてコツコツと資産を増やしていけます。35年のローンを組んでも現役時代に完済でき、焦ることなく取り組むことができます。

ただ、20代では自己資金がまだそれほど貯まっていないので、過度なローンを組むのは控えたほうがいいでしょう。まずは低額な物件を購入し、無理のない返済計画で不動産投資の勉強をするつもりでやってみることをお勧めします。

30代から始めれば自己資金も貯まってきていますから、頭金を多くして築浅の少し高いマンションにも手が届くでしょう。ローンもぎりぎり現役時代に完済できそうです。仕事にも脂がのっている時期なので、昇給や昇進もマンション投資へのモチベーションになりそうです。

40代から始めれば、課長や部長といった管理職になっている人も多く、融資の信用度がアップします。余裕資金もあり時間的にも定年までまだまだ余裕があるので、ローンと自己資金をうまく組み合わせて投資戦略を描くことができます。

50代から始めても遅くはありません。管理職歴が長ければ社会的信用度も高くなり、有利な条件でローンを組むことができます。ローン期間は短くなりますが、子どもが大きくなり学費のメドもだいたいついて家計への負担も少なくなっているはずです。生活資金には手をつけず、余裕資金でマンション投資することも可能でしょう。

50代は定年まであと10年ほどであり、老後の資金対策としてもこれが最後のチャンスです。前著『サラリーマンは50歳からが中古マンション投資の始めどき』では、自分の経験をもとに50歳からでも資産形成できるということを中心に述べました。

不動産投資を始める時期は人それぞれ、投資をしてみようと思ったタイミングが始めどきです。私がマンション投資を始めたのは53歳のときでしたが、それでも10年で16戸のワンルームを資産にすることができました。正直いえばもっと早く始めればよかったと思いますが、53歳で始めたからこそ危機感をもって資産形成のスピードを加速させることができ、リタイアまでに間に合ったのではないかと自分では思っています。

3

不動産投資を始めるにあたってのポイント

不動産投資成功のカギは、優良な管理会社とパートナーシップを組むことです。管理会社には賃貸管理会社と建物管理会社の2種類あります。どちらかに特化している会社もあれば、両方のサービスを行っている会社もあります。

その違いをまず押さえておきましょう。

3-1 不動産管理会社の選び方

賃貸管理会社と建物管理会社の業務には、次ページ図のようなものがあります。

賃貸管理会社に対してオーナーは、管理費を支払うことでこれらの業務を代行してもらい、報告を受けて問題がなければ了承するだけです。

賃貸管理会社と建物管理会社の違い

賃貸管理会社

- 入居者の募集
- 賃貸契約（新規・更新）の手続き
- 家賃の集金、オーナーへの送金
- 滞納者への督促
- クレーム対応
- 退去時の室内状態確認、清算
- 室内設備修繕、内装工事の手配

建物管理会社

- 建物の維持管理（専有部分以外）
- 共用設備の維持管理
- 共用部分の清掃点検
- 管理組合の運営支援
- 長期修繕計画の策定

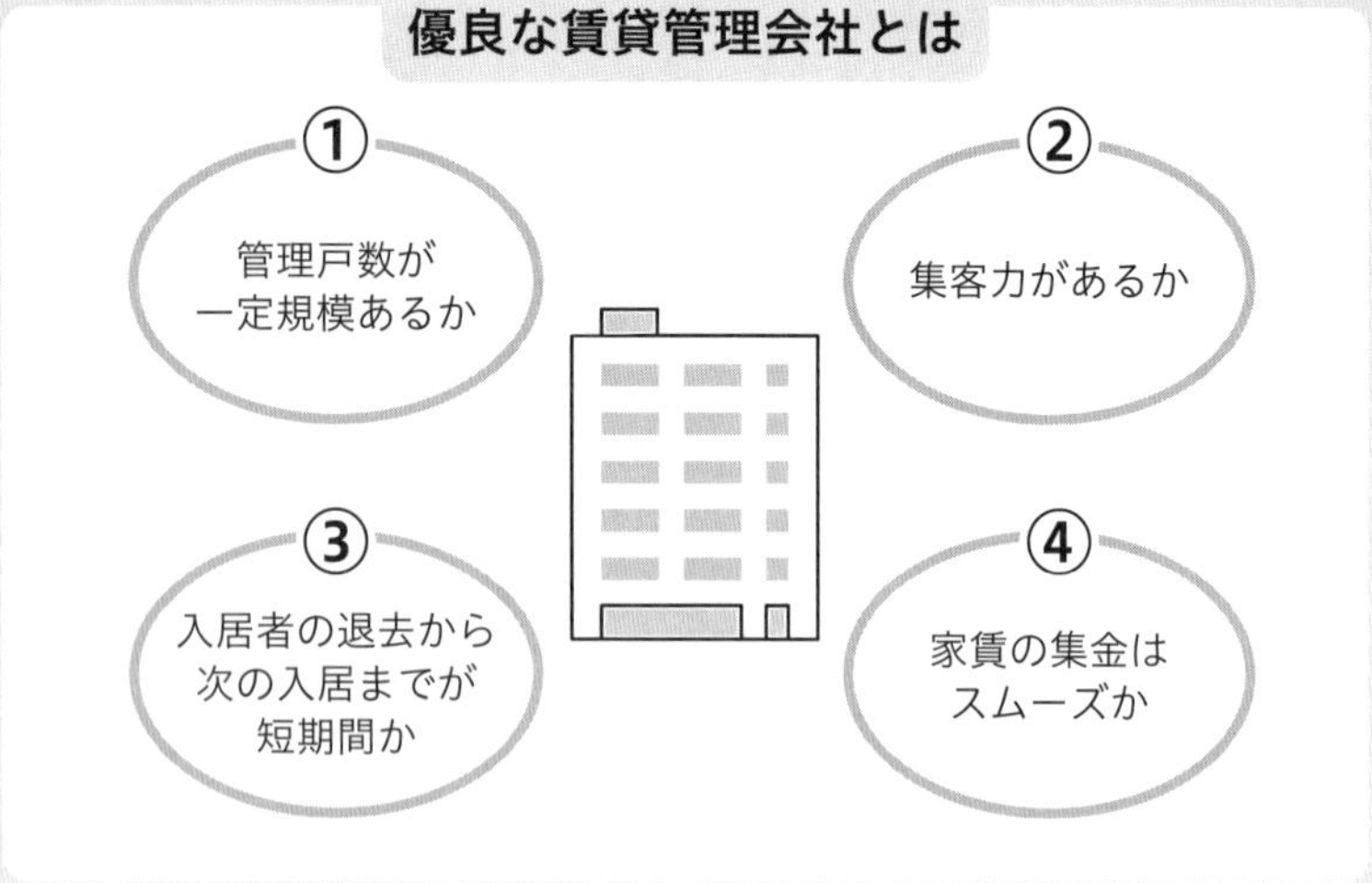
優良な賃貸管理会社とは
①
管理戸数が
一定規模あるか
②
集客力があるか
③
入居者の退去から
次の入居までが
短期間か
④
家賃の集金は
スムーズか

建物管理会社の業務は、管理組合と密接に連携をとりながら行っていきます。マンションの経年劣化を防ぎ、資産価値を維持するために重要な業務です。

建物管理会社はマンション自体に紐づいているので、オーナーが個人で選ぶことはできません。サービスや管理料に不満があり建物管理会社を変えるには、管理組合の総会決議が必要です。

これに対して賃貸管理会社は、オーナーの意向で選ぶことができます。管理料が適切で、信頼と実績のある管理会社を選ぶとよいでしょう。

優良な賃貸管理会社を選ぶには、上図の項目をチェックします。

管理戸数が多いほど管理ノウハウも豊富です。それだけオーナーから信頼され任されているという証にもなります。1万戸以上あれば安心でしょう。

また、空室になったとき短期間で次の入居者を確保できるかで能力が問われます。指標となる年間平均入居率は全国平均で81％程度ですが、優秀な管理会社は95％以上を達成しています。

退去から内装工事完了までの平均日数も、空室日数を短縮するために重要です。2週間以内が理想でしょう。

オーナーにとって頭の痛い家賃滞納についても、適切に対応してくれることが必要です。優秀な管理会社では家賃滞納率を0・1％未満に抑えています。

3-2 マンションの買いどきは、いつがいいのか

これからマンション投資を始めようと考えている人にとって、「いつ買えばいいのか？」は重要な問題です。東京のマンションはコロナ後の人口移動の増加や海外からの購入希望

増、人手不足や物資高騰の影響による新築マンション供給戸数の減少などにより、高値圏で推移しています。いま買うのは得策でないという人もいるでしょう。しかし来年になれば価格が下がるという保証はなく、さらに高くなっているかもしれません。

一方で時間という資産は年々減っていきます。数年間購入を見送ったことでローンの完済期日が定年退職後にずれ込むかもしれず、高金利時代に入ってローンの支払利息が倍になっているかもしれません。こうしたリスクをどうとらえるか。あとから考えるといまが絶好のチャンスだったと後悔しないようにしたいものです。

マンション価格は円ベースで見るとたしかに上がっているのですが、ドルベースで見るとそうでもありません。10年前の2014年の為替は1ドル105円ほどでした。本書執筆時は1ドル150円程度まで円安が進んでいます。

中古ワンルームの価格は2014年が約1200万円だったのに対し、2024年は約1700万円と、約500万円近く上昇しているのですが、ドル換算すると2014年が11万4000ドル、2024年が11万3000ドルです。ドルベースでは高くなるどころかほぼ同額になっているのです。

海外の住宅価格が日本より高いことや海外の所得水準が日本より高いことを考え合わせ

ると、海外投資家が安いといって日本のマンションを買いあさる理由がよくわかります。それだけ円の価値が下がったということなのです。

迷って決断を先送りするのは時間のムダ

結論からいうと、いつ買うかは自分がいま持っている投資用資金、今後の需給や金利の動向、年齢から逆算した投資可能期間を総合的に勘案して各自が判断するしかありません。ただ、たんに迷って決断を先送りするのは時間のムダです。頭金用の資金が貯まるまであと1年ガマンしようとか、まずは転職して賃金が上がってからという考えにもとづいて1~2年先延ばしにするのはアリだと思いますが、そうでなければある程度条件がそろっていれば始めるべきです。

始めてからでも軌道修正はできます。まだ1戸なら撤退しても売却すれば損失は最小限ですみますし、2戸目、3戸目を購入する間隔を調整することもできます。やっている間にいろいろとアイデアも出てきます。マンション投資は長期投資なので、時間をかけて投資戦略を練っていくことができるのです。

3-3 マンション投資の出口戦略をどう考えるか

マンション投資のもう一つの課題は、出口戦略をどうするかです。マンションも歳月を重ねれば老朽化し、家賃も下がっていきます。いつの時点で売却すればいいのか？ これは投資を始めるにあたって気になる問題です。

マンション投資にはインカムゲインとキャピタルゲインがあります。インカムゲインはこれまでに述べた家賃収入です。もう一つのキャピタルゲインは、マンションを売却して得る利益です。買ったときの値段より売ったときの値段のほうが高ければ儲かりますね。

私も1戸売却したことがあります。これは別のマンションに買い替えるために売ったのですが、築15年で購入した物件が売却時には築27年になっていたにもかかわらず、売却価格は購入価格を１００万円超上回りました。

これは近年の投資家のマンション購入意欲の高まりと、メンテナンスをしっかりやっていたので老朽化がほとんど進んでいないことが背景にあります。こういうと、「では価格が上がったら売ろう」と思われるかもしれませんが、そう単純な話ではありません。

売却すれば一時的にお金は入ってきますが、以降の家賃収入は途絶えます。専門業者のように何百戸も持っていれば売買で回していけますが、せいぜい数戸しか所有していない個人では家賃収入に大きな影響が出るのです。

では、「また別の物件を購入すればいいだろう」と思われるかもしれませんが、同程度のマンションは近年価格が上がり、同じ金額では買えません。買っても当然、利回りは低くなります。また、売った物件にローンが残っていたら、それを返済しなければならず、返済したら手元に残る現金はわずかでしょう。

安易に売却するのは損のもと！

私の場合は、ローンを完済していて、ほぼ同じ金額で立地のよい物件が買えたので売却したのですが、そういったメリットがなければ売却はしないほうがよいでしょう。

売却するとすれば、

- **買い替えでよりよい物件を手に入れる**
- **高齢や病気で不動産の賃貸管理ができなくなったので手じまいする**

・物件を10戸以上所有している場合にメンテナンスにお金がかかり、実質利回りが低くなっている物件を整理する

といった理由でしょう。そうでなければ、ずっと所有するのが基本スタンスです。所有し続けるためには、マンションの価値を長期間維持することが必要です。適切なメンテナンスを行っていれば、もともと頑丈な鉄骨鉄筋コンクリート造ですから長く使うことができます。

マンションの寿命はおよそ60年とされています。マンション管理組合と建物管理会社が協力し、長期修繕計画にもとづいて予算配分し、工事を実施していくことが重要です。

新しいアイデアにもアンテナを張りめぐらせる

それでもいずれは取り壊しや建て替えの時期がやってきます。しかし取り壊しや建て替えのためには、管理組合の総会で区分所有者および議決権の5分の4以上の賛成が必要になります。

これはかなり高いハードルで、建て替え費用の問題で反対する人に加え、相続により現在の所有者と連絡がとれないケースも少なくありません。連絡がとれない所有者は、反対

をしたものとして扱われるため、５分の４以上の賛成を得るのはむずかしく、老朽化マンションの建て替えが進まない要因の一つとなっています。

そのため政府は区分所有法の改正を検討していて、５分の４以上の賛成を「所在が明らかな区分所有者の４分の３」に引き下げる可能性があります。

国交省によると、築40年のマンションは２０４２年には２０２２年末の３・５倍にあたる４４５万戸に増加する見込みで、マンション老朽化は喫緊の課題です。これからも建て替えを促進する動きが出てくるでしょう。

大事なポイントは、区分所有者はそのマンションの土地と建物の一部に権利を持っていることです。マンションを建て替える場合は新しい建物を従来よりも大きくするのが一般的ですから、「広げた分を新たな所有者に売却し、そのお金を工事費に回すことで既存の所有者の負担を抑える」といったスキームをとることもできます。今後さまざまなアイデアが出てくると思うので、いまから必要以上の心配はしなくてよいでしょう。

3-4 どのような物件を買えばよいか

東京中古ワンルームといってもピンからキリまであり、購入するにはもう少し対象を絞らなければなりません。これを築年数と所在地域の面から見ていきましょう。

築年数 築浅物件とバブル期物件の特色を見極めて考える

まず築年数です。中古マンションは大きく分けて分譲年数によって築浅物件とバブル期物件に大別できます。

築浅物件は主に2000年以降に建築された比較的築年数の浅い物件で、ワンルームでもバスとトイレが分かれ、室内の広さも20平方メートルから25平方メートルと広めです。物件価格は2000万円から3000万円程度と高めで、家賃収入から毎月の経費を差し引いた実質利回りは4％前後です。

バブル期物件は1990年前後のバブル期に分譲されたワンルームマンションで、バスとトイレが一体型のユニットバスになっている物件がほとんどです。室内の広さも16平方メートルから19平方メートルと築浅物件に比べて狭くなっています。物件価格は1000万円から1500万円程度で、実質利回りは4～5％です。

築浅物件は収納スペースやキッチン回り、洗面台など設備が充実しているものが多く、女性にも人気があります。大きな設備交換の必要もなく、修繕費を抑えることができます。

バブル期物件は設備は古いのですが、家賃を抑えたい人には一定の人気があります。老朽化した設備の入れ替えには費用がかかりますが、新しくしてしまえば築浅物件と遜色なく空室リスクを抑えることができます。

どちらも一長一短あり、その特色を知って選ぶとよいでしょう。あまり投資資金がない場合は、最初はバブル期物件を購入するのも手です。維持管理にあまりわずらわされたくないのであれば、最初から築浅物件にするのもアリです。複数のワンルームを持つのなら、築浅物件とバブル期物件を取り交ぜてもよいでしょう。

所在地域　23区のうち外側の6区を除いた17区をメインに

次に所在地域です。東京といっても23区から市部まで広域ですが、需要とアクセスの面からなんといっても23区がお勧めです。23区の中でも北と東の外縁6区（江戸川区、葛飾区、足立区、荒川区、北区、板橋区）を除いた17区がブランド的にも好立地だと思います。もちろん、外した6区でも需要に大きな問題はなく、アクセスもそれほど悪いわけではありません。しかし、地方から来た人にも知名度が高いのが17区で、人気が高いのです。ただ、人気のエリアだからといって、すべてがOKというわけではありません。空室リスクを最小にするには、複数の路線が近くを通っている沿線の駅から徒歩10分圏内がベストでしょう。入居者にとっては近くにスーパーやコンビニがあったほうがよく、警察署や交番があったほうが安心です。おしゃれなカフェやレストランがあるとうれしいかもしれません。

そういうポイントをクリアできれば、その物件は好立地といえます。

所在地域とともに、できれば部屋と共用設備のチェックも

物件が決まったところで次は部屋のチェックです。チェックといっても入居者がいる場合は部屋に入ることはできません。頼るべきは販売用資料にある部屋の見取り図です。バルコニーはどの方角に面しているか、キッチン、バス、トイレの配置はどうか、収納は複

数あるかなどをチェックします。

一般に南向きがよいといわれていますが、ワンルームでは寝に帰るだけの人も多いのであまり気にしなくてもよいでしょう。階数も眺めがよい高層階にこだわる必要はなく、エレベーターなしでも上がれる3階くらいがよいという人もいます。高齢の入居者には階段を昇る必要がない1階を望む人もいます。よほど日照が悪いとか窓の外を鉄道や高速道路が通っているのでなければ、部屋で悩む必要はないと思います。

あとは共用設備として、オートロックや宅配ボックス、防犯カメラ、モニター付きインターホン、CATV、インターネット設備などが充実していれば万全です。これらの設備は、購入時になくても管理組合で導入を決議すれば、あとで設置することが可能です。

こうしたことを考慮に入れながら物件を探してください。

3-5 どの金融機関から借りるのがよいか

購入する物件が決まったら、次は融資をしてくれる金融機関をどこにするかです。現金

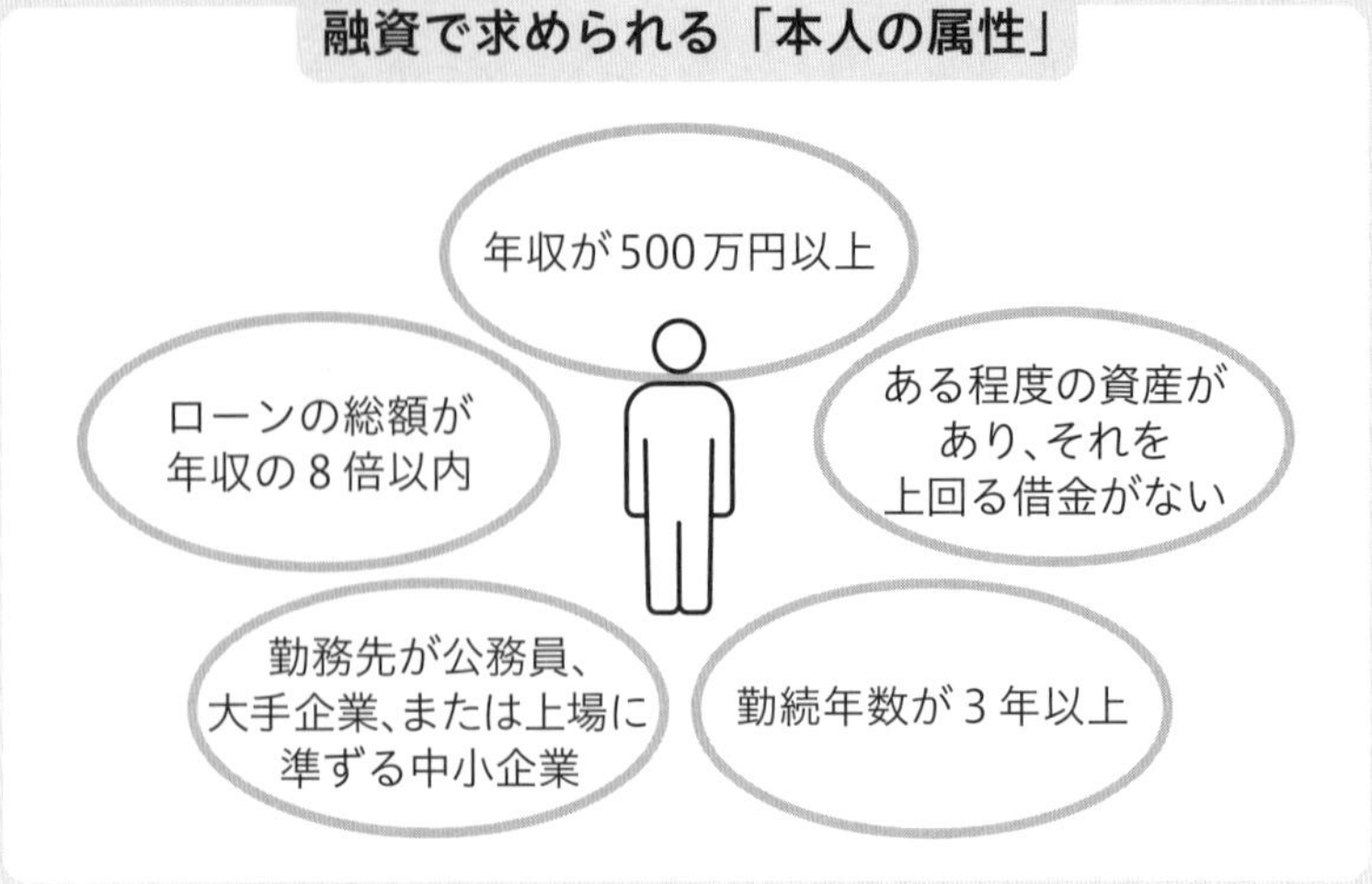
融資で求められる「本人の属性」
年収が500万円以上
ローンの総額が
年収の８倍以内
ある程度の資産が
あり、それを
上回る借金がない
勤務先が公務員、
大手企業、または上場に
準ずる中小企業
勤続年数が３年以上

で一括購入できる人なら必要ありませんが、通常は１００万円程度の自己資金を頭金にして残りはローンを組むのがふつうです。

住宅ローンならメガバンクや都市銀行、地方銀行が貸してくれますが、賃貸不動産ローンは事業として営んでいるのならともかく、サラリーマンが副業でやる場合には審査が厳しいと思います。もちろん住居用のローンだと嘘をついて賃貸不動産のローンを借りるのは、詐欺と見なされ一括して返済を求められるので、やってはいけません。

そこで銀行よりは金利が高めですが、マンションの販売会社が提携している信託銀行やノンバンクから借りるのが手っ取り早い方法です。提携による金利優遇があるところもあります。オリックス銀行、ジャックスなどが大手でしょう。
融資に際しては、本人の属性が重要になります。具体的には、右図に挙げたような属性をクリアする必要があります。

融資が下りたら翌月から約定返済が始まりますから、返済が滞らないように注意しましょう。返済は収支計画どおりであれば家賃収入から賄えますから、自腹が痛むことはありません。毎月しっかり返済していれば信用力がつき、次の融資もスムーズになります。所有戸数が10戸以上の事業規模（不動産賃貸業）になると、銀行から融資を受けることも可能になります。審査をパスすればもっと低い金利で借りることができますから、借り換えを考えてもいいでしょう。

さらに有利なのが日本政策金融公庫（日本公庫）です。日本公庫は政府が100％出資している金融機関で、経済の活性化や新規起業の促進という名目で融資してもらえます。不動産賃貸業を営んでいるのであれば問題ありません。

事業計画書の提出が必要といわれていましたが、私の場合はそれも不要で、ローンを完済した3戸のワンルームを担保に3戸の融資を受けることができました。金利は固定で1

%台と好条件ですから、ワンルームマンション投資が軌道に乗ってきた人は活用してはいかがでしょうか。

3-6 借入金はどのくらいまでが安全か

資金を借りられるといっても、どのくらい借りたらいいのか不安な人もいるでしょう。まず覚えておいてほしいのは、借金にも良い借金と悪い借金があるということです。

悪い借金とは、遊興費に使うためのもので収益を生み出しません。これに対して良い借金とは、それを「てこ（レバレッジ）」にして収益を生み出すものです。

10倍のレバレッジだったら、たとえば自己資金が１００万円しかなくても９００万円の融資が下りれば１０００万円の収益資産を購入することができます。利回りが５％だとしたら、自己資金だけでは5万円の収益しか上げることはできません（そもそも１００万円では収益資産を買うことはできません）が、レバレッジを効かせれば50万円の収益を上げることができます。しかも借金により発生する毎月の返済金や借入れ利息は家賃収入から差し引かれますから、自宅や車のローンのように自分の懐を傷めることはありません。

ローンを組んだほうが効率的に資産形成はできる！

ワンルーム投資であれば、１５００万円の物件を購入するときに全額自己資金で賄うより、自己資金を３００万円にして残りはローンを組んだほうが効率的です。

たとえば家賃収入から経費や税金、ローン返済額を引いた手取り家賃が3万円だとすると、年間の手取り額は36万円です。全額自己資金の場合のＲＯＩ（投資利益率）は２・４％（360,000円÷15,000,000円＝2.4％）です。自己資金が３００万円の場合のＲＯＩは12％になります（360,000円÷3,000,000円＝12％）。

全額自己資金の場合は、手取り家賃で回収すると１５００万円÷36万円で約42年かかりますが、自己資金が３００万円の場合はその自己資金は約8年で回収できます（3,000,000円÷360,000円＝8.3年）。回収した自己資金は再投資に回せるのです。

この場合の負債比率は１２００万円÷１５００万円で80％です。最初はこれでもいいですが、金利上昇リスクを考えると最終的には40％以下にしておいたほうが安心です。これならば急激な金利上昇も怖くありません。後述する繰上げ返済を使って負債比率を徐々に減らしていきましょう。

複数のワンルームを持つ場合には、まずは1戸目を繰上げ返済で完済し、その家賃収入を2戸目の返済に充てましょう。2戸目も完済し、ローンのある3戸目が残っている状態が負債比率の面からも理想的です。

忘れないでいただきたいのは、良い借金であったとしても過度な借金は危険だということです。数億円もする一棟マンションをフルローンで購入したという話を聞いたりしますが、空室が増えたり金利が上昇したりしたら財務内容は一気に悪化します。不測の事態にも耐えられるのは、「負債比率が40％まで」だということを肝に銘じておきましょう。

4 ワンルーム投資を軌道に乗せるためのポイント

不動産オーナーとしては、不動産投資専用の口座を設けておきます。家賃収入の一方、管理代行費や建物管理費、修繕積立金、約定返済の元金と利息などの支払いがあり、一つの口座で管理すると残高を見れば収入が費用を上回っているかがすぐにわかります。

そして、ここでプールした資金はローンの繰上げ返済や次の購入物件の頭金として使うことで再投資に回します。

4-1 複数のワンルームを持つ意味

ワンルーム投資でお勧めしたいのは、1戸で終わらせず2戸目、3戸目を購入することです。もちろん資金の問題もありますから簡単にできることではありませんが、ぜひそうすべき理由が主に三つあります。

理由1 空室リスクを抑えるため

1戸だけだと、もし入居者が退去して空室になったら家賃収入が途絶えます。立地がよければ1カ月以内には埋まりますが、それでもその間は不安で心細いものです。

私も購入した1戸目と2戸目がほぼ同じ時期に退去となり、青くなった経験があります。幸いにもどちらも1カ月を待たずたずして次の入居者が決まり胸を撫で下ろしましたが、そのときに痛感したのは、「できるだけ多くのワンルームを持っておこう」ということでした。

3戸あれば1戸空室になっても残り2戸があります。2戸が空室になったとしても、残り1戸が当面支えてくれます。私の経験からいって、同時に空室になるのは最大で2戸でしたから、最低3戸あれば安心ということです。

資金に余裕があるなら、4戸、5戸と増やしていってもよいでしょう。5戸を超えると量の効果で資産形成の歯車が動き始めるので、10戸まで到達するのはむずかしくありません。そうなれば2戸の空室が出たところで怖くはありません。

空室が怖いと、早く入居者を決めるために家賃を下げ、利回りを下げることにもなります。いったん家賃を下げると、再び元の家賃に戻すのは簡単ではありません。下げた分はそれ以降の家賃収入にずっと反映されるので、ボディーブローのように効いてきます。

理由2 分散効果が得られるため

もう一つは分散効果です。1戸だけだと、もしその物件に火災が起きたり浸水被害があったりしたら、当分は収入を望めません。自分の部屋が火元でなくても、それより下の階や隣の部屋が火元だったら使えなくなることがあります。

上の階だからといって浸水被害がないわけではありません。よく起こるのが給排水配管の老朽化による漏水です。上の階の漏水が天井から漏れてくることもあり、自分の部屋の漏水が下の階を水浸しにすることもあります。滅多にあることではありませんが、起こった場合は深刻です。もし違うエリアに複数のワンルームを持っていたら、精神的ダメージは小さくなるでしょう。

地震についても同じことがいえます。首都直下型地震が来たとしても、東京のすべての地区が壊滅するわけではありません。一部は被害を受けたとしても、残りは無傷か軽微な被害ですむ可能性があるのです。

またエリアによってオフィス街、商業エリア、工場エリア、観光エリア、文教エリアなど特色があり、入居者のタイプもビジネスマン、店舗従業員、工員、外国人、学生など多彩です。こうしたエリアに物件を分散させておけば、景気変動や人口移動にも対応することができます。私も購入するたびに地図に印をつけ、次はこのエリアにしようとか考えて分散を意識してきました。

理由3 圧倒的にキャッシュフローが増えるから

三つ目の理由は、1戸を賃貸するより2戸、3戸のほうが圧倒的にキャッシュフローが増えるからです。1戸を家賃の手取り収入で返済するよりも、2戸にして2戸の手取り家賃収入で1戸の返済にあてるほうが早く返済できます。

3戸目もしかりです。1戸目を完済したら、今度は経費以外まるまる残るその家賃で2戸目の完済をめざします。2戸目が完済できたら、今度は完済した2戸の家賃収入で3戸目の完済をめざします。いわば集中攻撃で1戸ずつ〝撃破〟していくのです。これが早く資産形成するコツです。

こうした理由から、マンションワンルーム投資を始めたら、少なくとも3戸の所有をめざしてほしいというのが私の考えです。1戸目は初めてでもありハードルが高いと思いますが、2戸目、3戸目になると様子もわかり、ハードルは低くなります。

あとはどれくらいの年収をめざすのか、どのような生活水準でいたいのか、FIREをめざすのかなど、自分の目標に準じて戸数を増やしていけばよいのです。ほかの投資家と比較して無理をする必要はありません。自分の資金計画に沿った実現可能な戸数をめざしていきましょう。

4-2 繰上げ返済でスピーディに返済。資金を再投資に！

オーナーになったら、もう一つ考えてほしいことがあります。繰上げ返済です。

たとえば1戸目を家賃8万円で賃貸しているとします。そのとき手取りで8万円がすべて手元に残るわけではありません。先ほど述べた管理代行費や建物管理費、修繕積立金などが差し引かれます。これは合計しても2万円程度で、大きくありません。

しかしローンを組んでいれば、加えて分割返済額と借入れ利息が引かれます。それが

5万円ほどもあると、手取りは数千円になることもめずらしくありません。

諸費用を削減することはできないので、ローンの返済を早めることで手取りを増やすことを考えましょう。仮に1戸を繰上げ返済してローンを完済すれば、手取りは6万円近くもあります。年収で72万円です。効果の大きさがわかるでしょう。これを再投資の資金にすれば、資産形成を加速させることができます。

しかし手取りを増やすといっても、ローンを返済しての数千円の手取りでは再投資どころか繰上げ返済もむずかしいでしょう。ここが〝勝負どころ〟です。自己資金をかき集めて繰上げ返済に回すのです。

「ハイブリッド繰上げ術」で返済を加速

生活費に手をつけてはいけませんが、銀行で遊ばせているお金があったら働かせるべきです。銀行預金など預けていても利息が0・1％にもならないのがほとんどです。利回り6％近くもあるワンルーム投資に充てたほうがよいのは自明の理です。

証券投資をやっているのであれば、そちらを売却して資金に充てるのも一法です。証券から不動産に資産を移動させることで、資産の分散化を図り、ポートフォリオの改善にもつながります。また、数百万円に積み上がった金額であれば、それを使って一気にローンを完済することも可能です。

私はこれを「ハイブリッド繰上げ術」と呼んでいますが、すでに証券投資でまとまった金額の金融資産を持っている人は、こうした利点を使って不動産投資でも成功する最短距離にいるのです。証券投資で終わらせず、不動産投資への展開も図ってみてはいかがでしょうか。

サラリーマンなら、会社の立替金振込口座を利用する

私がサラリーマン時代に使っていた裏ワザは、会社の立替金振込口座を利用することでした。出張などでポケットマネーを使って立替払いをしたときに、あとで立替金請求をすると、それが会社から振り込まれてくる口座のことです。

多くの人は引き出して使ってしまいますが、私はいっさい引き出さずにそのまま放っておきました。毎月数千円から1万円程度ですが、1年も経つと結構な金額になります。数年間放っておいたら、残高が80万円ほどに膨らみました。これを繰上げ返済の資金の一部にしました。

一部の繰上げ返済を繰り返していくことでも大きな効果に

一度にローンを完済するのが無理ならば、一部返済を繰り返していきましょう。

繰上げ返済には「返済期間短縮型」と「返済額軽減型」があります。「返済期間短縮型」は、毎月の返済額はそのままに、返済期間を短くするタイプです。「返済額軽減型」は、返済期間は変わらずに毎月の返済額を少なくするタイプです。

どちらが良いのかは個人の考えにもよりますが、私は「返済額軽減型」をお勧めします。たとえば30年ローンで借りているなら、完済までの期間が30年あるわけです。これをわざわざ25年とか20年に短くして、せっかくの権利をムダにすることはありません。それよりは毎月の返済額を減らして資金繰りを楽にするほうが大事です。そして、できるだけ早めの完済をめざすのです。

返済額の軽減で浮いたキャッシュフローで早めに完済すれば、返済期間を短縮しなくてもその時点でローンはなくなります。ただし、金融機関によっては繰上げ返済をするごとに手数料がかかりますから、あまり頻繁にせずに、ある程度のまとまった資金で数回で完済するようにしたほうがよいと思います。

繰上げ返済は資産形成のブースター

繰上げ返済することで融資の信用度も増します。なによりローンを完済すれば設定されていた抵当権が解除され、次の物件を購入するときの担保に使うことができます。

なお、抵当権はローンを完済しただけでは自動的に解除されません。ローン会社から完済書類一式が送られてくるので、それを使って抵当権解除の手続きを行います。自分でやる人もいますが、私は司法書士に依頼しています。手数料は2万円ほどなので、手続きに時間をとられるのがいやな人は司法書士を使うとよいでしょう。

この繰上げ返済こそが資産形成のブースターになります。1戸目と同じ条件の物件を2戸目、3戸目も繰上げ返済してローン完済すれば、毎月の手取り家賃収入は18万円、年収では216万円です。そしてそれを担保にもう3戸を購入すれば、所有物件は6戸です。威力の大きさがわかるでしょう。私自身、そのスキームを使って10年で16戸を所有し、年収1400万円、手取りで700万円を得るようになったのです。

まずは1戸目をなんとしてでも繰上げ返済でローン完済してみてください。

4-3
マンション管理組合とのつきあい方

マンションにはそれぞれ管理組合があり、オーナーになると自動的に管理組合の組合員になるため、管理組合から郵便物が届くようになります。

いちばん重要なのは、管理組合の定期総会の開催通知です。年一回管理組合の総会があり、議案を決議するために賛否の集計が必要なので送られてきます。

議案は主に次の四つです。

・当期の事業報告・決算報告
・管理委託契約更新について
・次期の事業計画と予算案
・次期役員選出について

一つずつ見ていきましょう。

「当期の事業報告・決算報告」は、建物管理会社が行った管理組合の業務の執行および財産状況についての報告です。事業報告は委託契約している定期清掃や設備保守点検、委託契約以外に行った諸業務や修繕工事、定期総会の開催などが報告されます。決算報告は当期の貸借対照表、損益計算書が一般会計と特別会計（修繕積立金会計）ごとに報告されます。その他、預金残高証明書や監査人による会計監査報告が添付されています。

「管理委託契約更新について」は、建物管理会社と次期も業務委託契約を結ぶもので、多くは1年ごとの契約更新です。契約条件は当期と基本的に変更はありません。たまに委託業務内容や委託料の変更があります。別紙として、重要事項説明書と管理委託契約書（案）がついています。

「次期の事業計画と予算案」は、建物管理会社が当期の実績をもとに作成した案で、管理組合はこれにもとづいて次期の運営をしていきます。

「次期役員選出について」は、次期の役員を選ぶものですが、立候補がほとんどないので当期の役員が留任することが多いようです。役員が少ない場合は、出席した組合員に役員になってくれないかとお願いされることがあります。選出された役員から理事長、理事、監事などの役割を決めていきます。

それ以外に、総会で必要な案件があれば追加されます。たとえば、大規模修繕工事や主要な設備の更新、管理費・修繕積立金の改定などです。

総会への参加には、次の三つの選択肢があります。

・出席し賛成か反対かの議決権を行使する
・出席せず委任状を提出する
・出席しないが、書面の議案説明を読んで賛成か反対かの議決権を行使する

出席する組合員は少数で、多くは出席せず委任状か議決権行使書の返送ですませることが多いようです。たしかに、わざわざ総会会場（建物管理会社の会議室かマンション付近のファミレスやカフェで開催されることが多い）に出向くのは面倒ですし、出席すると前述のように役員になるのをお願いされることがあります。

時間的余裕があるなら、ぜひ出席してみよう

私も最初は出席せず委任状か議決権行使書の返送ですませることが多かったのですが、試しに出席してみて考えが変わりました。管理組合は数名の役員が理事会で運営方針を検

討し、建物管理会社のサポートによって総会での承認をめざします。役員は真摯にマンション価値の維持・向上のために活動していて、議論も活発です。

時間的余裕があるならぜひ出席してみることをお勧めします。せっかく大金を投じて購入したマンションです。買ったらあとは関与せず放りっぱなしでは、もったいないでしょう。長く所有するつもりがあるなら、維持管理にも留意してマンションの価値を下げないようにする必要があります。

資産価値の高いマンションは、管理組合と建物管理会社が協力して適切なメンテナンスを行っています。逆にメンテナンスがなされていないと、コンクリートが劣化して雨水が浸みこんで剥がれたりクラック（ひび）が入ったりします。見た目にもみすぼらしいマンションになり、入居者がつきにくくなると家賃が下がって資産価値を損ねてしまいます。

総会に出席して質問したり討論したりすることで、マンション管理にきちんと関心を持っていると示すことになり、適度な緊張感を与えることができます。この緊張感というのが大事で、緊張感がないと役員による管理組合の私物化や、建物管理会社が自社の利益のために不要な工事を提案するなどの暴走を許すことになりかねません。

そもそも管理組合と建物管理会社は利益が相反しています。建物管理会社は自社が仲介する修繕工事は高額であればあるほど儲かるので、自社に有利な提案をします。管理組合はそれを見越して相見積りをとったり工事内容をチェックしたりする必要があるのです。

総会に出席すると、役員をやらされるのではないかと心配する向きもあるでしょう。関心があるならぜひ受けるべきだと思います。役員になることで深い関与が可能になり、マンション管理の勉強になります。役員はほとんどが複数の物件を持つベテランで、経験も豊富でいろいろアドバイスをしてくれます。仲良くなると役員同士でお酒を飲みに行ったり食事をしたりと気の置けないつきあいができます。

私にとっては、総会や理事会で年に数回、役員に会うことが楽しみになっています。いまでは七つの管理組合の役員を務めているので、月に数回は出かける用事があり、セカンドライフの張りあいにもなっています。

4-4 確定申告は節税の強い味方

マンションオーナーになってサラリーマンと違ってくるのは、確定申告をする必要があることです。確定申告と聞くと、面倒くささそうだしむずかしそうと思って引いてしまうかもしれませんが、やってみればそんなにたいへんなものではありません。

それよりも面倒なのはふだんの帳簿づけでしょう。確定申告のフォームには家賃収入のほかに関連してかかった経費も勘定科目別に入力する欄があるので、1年分を集計しなくてはなりません。これは市販の会計ソフトを使うことで省力化できます。最初は個人事業主用の会計ソフトでよく、パッケージソフトでは弥生会計、クラウドではｆｒｅｅが有名です。あまりため込まずに、月末や月初など日にちを決めてやると、あとが楽です。

白色・青色、複式簿記のメリットを押さえる

個人事業主の確定申告方式は「白色申告」と「青色申告」に大別できます。白色申告は単式簿記で収支内訳書をつけるだけの簡単なものです。簿記の知識がなくてもできますから、最初はこれで十分です。

ただし、近年はそのメリットが薄れてきました。事業所得や不動産所得などがある白色申告者は、帳簿をつける義務が課されるようになったからです。帳簿づけの義務があるなら、青色申告のほうが計算した所得から10万円分を差し引けるメリットがあります。

さらに所有戸数が増えて事業規模になってきたら、複式簿記の青色申告にするとよいでしょう。ただし、事業規模には「5棟10室」という基準があって、独立した家屋であれば5棟、部屋であれば10室所有していることがおおむねの条件になります。ワンルームの場合は10戸ということです。

青色申告は複式簿記が一般的で、電子申告・電子帳簿保存にすると65万円の税額控除が受けられます（紙での提出・保存だと55万円の税額控除）。青色申告にするには事前に税務署に申請届を出す必要があります。そのほかにも、「赤字を3年間繰り越し、利益と相殺できる」「親族への給与が青色申告専従者として経費化できる」などのメリットがあります。

複式簿記といっても会計ソフトが自動でやってくれますから、専門的な知識がなくても入力するだけで仕訳（借方・貸方・勘定科目に分けること）をしてくれます。入力が終われば決算書までつくってくれますから、自分の資産状況の管理にも役立ちます。

確定申告は、個人事業主が毎年1月1日〜12月31日の所得をとりまとめて所得税の額を計算し、原則として翌年の2月16日〜3月15日までに税務署に申告・納税を行います。これも市販のソフトがあり、国税庁ホームページの「確定申告書作成コーナー」に入力すると、作成から申告までできるようになっています。

源泉徴収から解放される？

サラリーマンはほとんどが給与から税金を源泉徴収されて終わりです。払いすぎた分は年末調整で戻ってくるのがせいぜいですね。確定申告をする人は副業を持っているか保険金などの雑所得がある人くらいです。それがあたり前になっているので、サラリーマンはどれだけ国から搾取されているかに気づいていません。

そもそも個人事業主とサラリーマンでは税金の納め方が違います。

サラリーマンの場合は、会社がざっくりと税金を計算して、毎月の給料から税金分を天引きして納めています。これが源泉徴収です。しかし年末には支払った保険料などの金額がわかるので、それを加味して正しい税金を計算します。納めすぎていた場合には、その分が還付されます。これが年末調整です。

個人事業主の場合は、みずから税金を申告して納めます。「みずから」というのがミソです。自分でこれは経費だと思ったら計上して所得額を抑え、節税することができます。違法なことをやると脱税になりますが、許容できる範囲であれば節税になります。

つまりサラリーマンは税金を納めたあとのお金で生活しますが、個人事業主はまず必要な経費を使ってから税金を納めるのです。

源泉徴収というのは誰が考えた方法なのか知りませんが、サラリーマンから搾取するには最適の方法です。国や会社が税金の計算、申告、納税までしてくれるので、サラリーマンにしてみれば手間が省けて助かります。国からすれば、給料から税金を天引きするので〝取りっぱぐれ〟がありません。しかも天引きしてくれるのでサラリーマンは税金のことを考える必要がなく、文句もいわず無関心になってくれます。

世の中には節税のタネがいくつも転がっていますが、無関心であればそういうものも利用しないので、ほぼ100%税金を徴収できるのです。いわば飼いならされた羊といっていいでしょう。サラリーマンは狼が高台から見下ろす羊の国に住んでいるのです。

私も確定申告をすることで、その仕組みに気がつきました。確定申告で節税できるのであれば、帳簿つけも申告作業もつらくありません。むしろ楽しんでやっています。

節税方法を駆使しよう

不動産賃貸事業でも経費として落とせるものはいろいろあります。マンションの管理費や借入金利子はもちろんのこと、固定資産税や損害保険料、マンション現地や総会会場へ行くための交通費、セミナーや書籍に使う教育費、情報収集のための会議費・交際費などで、領収書などのエビデンスがあれば落とすことができます。

ですから何かを買ったときにもらうレシートも疎かにはしません。事業に関連するものであればとっておき、経費に計上するのです。

それ以外に大きな経費項目に減価償却費があります。前にも述べましたが、これは建物の取得費用を一定の期間に分けて計上する費用です。マンションは土地部分と建物部分に分かれますが、建物部分は経年劣化して価値が漸減するため、減った価値分を減価償却費として計上するのです。

この特色は非キャッシュ項目であることです。つまり、1円のお金も出ていきません。ほかの経費は計上するためにお金を支払う必要がありますが、減価償却費はお金を使うことなく経費に計上できるのです。

投資初年度はマンション購入に際して登記費用、事務手数料、印紙代、日割の固定資産税・管理費・修繕積立金・保険料などがかかり、期中での購入では家賃収入もフルに入ってこないので赤字になることが多く、税金の還付が増えることでしょう。

経費以外にも節税する方法はあります。年末調整で行う保険料控除はもちろんですが、医療費が10万円を超えれば医療費控除、認定ＮＰＯ（特定非営利活動法人）や公益社団法人に寄付をすれば特別控除が受けられます。

私はユニセフ、国連ＷＦＰ、国境なき医師団に寄付をしていますが、苦難の状況にある人に手を差し伸べることでも節税はできるのです。

ふるさと納税もしかりで、寄付額のうち２０００円を超える部分について所得税と住民税から原則として全額が控除されます。しかも寄付をした自治体からは寄付金の30％以内の返礼品が受けられるので、やらない手はありません。

テレビなどで大々的にＣＭを打っているので、多くの人がやっているのかと思いましたが、個人住民税の納税義務者数のわずか12％にすぎないそうです。「なんでやらないの？」と思いますが、それだけ税金に関心を持つ人が少ないのでしょう。

「寄付をする余裕なんてない」という人もいるでしょう。でも、お金とは不思議なもので、意義のあることに使おうと手放すと、それより大きくなって戻ってくるのです。お金持ちが多いといわれるユダヤ人は、収入の10％を寄付するように教えられているそうです。

もう一つ加えると、節税ではありませんが、税金の納付でもキャッシュフローの改善になる方法があります。それは納税方法を口座振替に変えることです。振替納税は1カ月前後の遅延納付を合法的に認める制度で、延滞税の計算上、振替日での振替納付を本来の納期限での納付とみなすこととされ、それで延滞税が免除されるのです。

つまり現金納付や銀行振込に比べて1カ月近くもキャッシュを手元に残しておけるわけです。いざキャッシュが必要になったとき、残高に余裕があるほうが安心なのはいうまでもありません。

ただし、振替期日に残高不足などで引き落としができなかった場合、納期限の翌日から納付の日までの日数に応じて延滞税が加算されます。延滞税は、納期限から2カ月間は年4・5％、それ以降は年14・6％ですから、引き落とされる納付額以上の残高があるか事前に確認しておきましょう。

確定申告したサラリーマンの住民税は「自分で納付」

最後に一つ注意点です。確定申告時に住民税の納付方法を「給与から天引き」か「自分で納付」かの選択ができます。会社に不動産投資をしていることを知られたくないサラリーマンは、迷わず「自分で納付」にチェックを入れておきましょう。

「給与から天引き」を選択してしまうと、不動産賃貸の所得があると給与明細を見たときに住民税の額がやけに多いので、会社にばれてしまうからです。ばれないように税務署が配慮してくれているのかはわかりませんが、助かるシステムであることはたしかです。

確定申告には、申告する人に有利な点が多々あるのですが、そもそも知っていないと控除や優遇などの恩恵が受けられません。税務署から「こうしてください」とか「こうしたらいいですよ」とかは教えてくれないので、自分で調べて申告しなければなりません。ただ、知識を持っていればそれをフルに活用して恩恵を受けることができるのです。

まさに、確定申告は知っている者に有利なシステムなのです。

4-5 面倒なことは専門家に任せる

確定申告は有利なシステムでも、自分で帳簿づけから確定申告までやることに抵抗感をもつ人もいるでしょう。そういうときは、さっさと専門家に任せてしまえばよいのです。

不慣れなことは、その道の専門家に任せるのがいちばん。委託料としてのお金はかかっても、それに費やす時間を買うことができます。違うことに時間を使えば、格段に効率的です。
　自分が専門家になろうとするより、専門家を使う立場になるべきです。会計士や税理士などの専門家は、「先生」と呼ばれてもクライアントが顧客なので、クライアントのために働きます。クライアントは自分の頭が悪くても、お金さえ払えば優秀な頭脳を持つ専門家を使うことができるのです。

　私もそのことに気づいてから、面倒なことは極力専門家に任せています。私の場合、個人事業主としての確定申告は自分でやっていますが、設立した法人の税務申告は税理士にやってもらっています。そのほか、抵当権の解除や法人設立の手続きは司法書士にやってもらいました。これがどれだけ業務を効率化させ、できた余裕で生活の質を高めているかはいうまでもありません。

5

証券投資より堅実な不動産投資

不動産投資は立地のよい物件をムリのないプランで購入すれば、リスクは大きくありません。不動産投資の失敗例は、リスクの高い物件にムリなローンを組んでやるから失敗するのです。

多くの不動産投資家は堅実に収益を上げています。そうでなければ、お金持ちの多くが不動産投資家であるわけがありません。

5-1 不動産投資だから得られるキャッシュフローと安心感

2019年に国土交通省が行った個人投資家への不動産投資に関するアンケート調査によると、世帯収入について、500万円未満の所得層では不動産投資経験「なし」が「あり」を上回り、800万円以上の所得層では「あり」が「なし」を上回っています。不動産投資の経験がある人のほうが、所得が高いのです。あるいは、所得が高いから不動産投資経験があるのかもしれませんが、結果としてはお金持ちほど不動産投資を積極的に行っているのです。

そして、不動産投資経験「あり」と答えた人の41・5％がサラリーマン、5・7％が会社役員です。全体の47％を占めることを見ても、不動産投資はサラリーマンや会社役員に向いていることがわかります。

このように、不動産投資は物件をよく見極めてリスクをコントロールできれば、証券投資よりずっと堅実な投資なのです。

なによりも不動産投資をしてよかったのは、安定したキャッシュフローを得られるようになったことです。

証券投資をしている人はたくさんいますが、それだけで生活をしていける人は少数派です。多くが将来のために資産を増やす目的で行い、それを生活費に充てているわけではありません。そもそも毎月定額のお金が入ってくるわけではなく、配当金もボーナス程度の感覚です。

それに比べれば、不動産投資は家賃収入が毎月入ってきます。ローン完済したワンルームを5戸程度持っていれば、それだけで生活費をまかなうことも可能です。

得られるのはお金だけではありません。病気になったとき、急にお金が必要になったとき、そんなときに保険代わりとして家賃収入は頼もしい存在になります。前著でも記しましたが、病気になって会社を退職するときに、この家賃収入という安定したキャッシュフローは、生活や家族を守るために保険以上の役割を果たしたのです。保険金は一時金として受け取ったらそれで終わりですが、家賃収入は収益物件があるかぎりずっと続きます。この安心感は何にも代えがたいものです。

証券投資と不動産投資の両方をしてきた者としていえるのは、「将来に向けて安定した収入を得たいなら不動産投資にしなさい」ということです。証券投資は長期で資産を増やす点で有用ですが、不動産投資は毎月定額の収入を得られる点で、これに優るものはありません。

5-2 不動産投資について悩んでいる人に伝えたいこと

この章では、不動産投資を始めようという人に私の体験をとおして得た知識、ノウハウをお伝えしてきました。しかし、すべてをカバーできたわけではありません。私なりのバイアスがかかっている部分もあります。幸いにも私より知識が豊富で実績もある先輩投資家が何人も本を出しています。ぜひそうした本も読んで参考にしていただき、納得をしたうえで一歩足を踏み出していただきたいと思います。

「どうしようか悩んでいます」という人がいますが、悩んでいることがその人にとっては意外と心地よいのではないかと感じることがあります。何かをするには、決断し行動しなければなりません。その人にとっては決断し、行動することのほうがストレスになるのではないでしょうか。何かを始めるにはリスクがあり、リスクを負うには勇気が必要です。それよりは悩んでいる状態のほうがストレスが少ないのでしょう。

人間は、メリットのあるほうに行動します。この場合、決断し行動することより、悩んでいるほうがメリットがあるということです。だから、ついつい決断を先延ばし、先送りにしてしまう。悩んでいるうちは、決断し行動することで発生するリスクをとらなくていいからです。しかし、先延ばしがクセになってしまうと、いつまでたっても行動に移すことはできず、何も変わることはありません。

人生がよくならないという人に限って、そうした先送り思考に陥り、いつまでもその場で悩むばかりでいっこうに先に進もうとはしないものです。現状に不満があるなら、行動を起こさなければ始まりません。

「悩む」という行為は、一見真剣に考えているように見えますが、実は決断しなくていい、行動を起こさなくていいという〝ぬるま湯〟に浸かっているだけなのです。

「ある一つのことについて知りたいのなら、関連本を10冊読め！」というのが私の信条です。迷ったり悩んだりしているのなら、まず本を読んで知識をつけましょう。知識が豊富になればなるほど、迷いや悩みは消えていきます。

すでに不動産投資をやって成功している人に話を聞いてもいいでしょう。知識もないのに一人で悩んでいることほどムダなことはありません。それよりも、本や経験者という巨人の肩に乗って、その方法を真似たほうが結局は効率的です。

終章

3つの投資で経済自由人に！

1 投資家マインドの身につけ方

現在の私のスタンスは、不動産投資を中心に証券投資が脇で支え、その土台に自己投資があるというかたちです。

１本の木を育てるように、自己投資で土づくりを行い、証券投資の木の枝を伸ばし、不動産投資の幹を太くしていったのです。

1-1 金の卵を産むガチョウには手をつけるな

自己投資がなかったら、証券投資や不動産投資で地雷を踏んでいたかもしれず、証券投資がなかったら不動産投資に必要な資金を投入することもできなかったかもしれません。

三つの投資は私の中では密接に結びついているのです。

といっても、最初から計画的にやったわけではありません。勤めていた会社の子会社に出向したことを契機としてサラリーマン人生に疑問を抱き、始めたのが自己投資です。ちょうど50歳のときでした。いろいろ学んでいくうちに証券投資に力を入れ始め、53歳のときには不動産投資を始めました。この3年間が人生を大きく変えたといっても過言ではありません。

不動産投資を始めてからは自己投資、証券投資、不動産投資を並行して続けています。その結果、現在は夢だった経済的自由を謳歌しています。その大きな要因は、投資家マインドを身につけたからだと思っています。

真のお金持ちは、現預金を多く持っていない

現在の資産配分は、不動産60％、証券30％、現預金10％くらいです。現預金の割合が少ないと思われるかもしれませんが、不動産と証券からお金が流れてくるので現預金で多く持つ必要はないのです。金額でいうと２０００万円ほどで、現預金残高だけで見ればそれほど多いわけではありません。しかし資産総額では富裕層に入っています。

現預金を多く持っているのが真のお金持ちではなく、収益を生む資産を多く持っている

のが真のお金持ちなのです。そして資産に投資するお金は、使うことを前提にしてはいけないということです。

たとえば、1000万円を株や不動産に投資したとします。この投資資金が配当や家賃収入といったキャッシュフローをもたらしてくれます。これを使ってしまったら、その後のキャッシュフローは期待できません。いわば、この1000万円は「金の卵を産むガチョウ」です。

イソップ寓話に、こんな話があります。

ある農夫の飼っているガチョウが毎日1個ずつ黄金の卵を産み、農夫は金持ちになる。しかし、1日1個の卵が待ち切れなくなり、腹の中のすべての卵を一気に手に入れようとしてガチョウの腹を開けてしまう。ところが腹の中に金の卵はなく、そのうえガチョウまで死なせてしまう。

つまり、投資資金は投資した時点で、使ってはいけないお金なのです。損切りやポートフォリオの見直しで処分することはありますが、よいキャッシュフローを生み出してくれるものは一生使わない覚悟が必要です。使えるのは、生み出されたキャッシュフローの分だけ。これを忘れてしまうと、金の卵を産むガチョウを殺してしまうことになります。

ところが、普通はなかなかこの我慢ができません。ちょっとの売却益に目がくらんで、すぐに手放してしまう。これでは金回りがいいだけであって、資産は増えません。

「豊かさ」とは投資から得た利回りで暮らしていける状態

本当のお金持ちが意外とつつましいのは、資産には手をつけずキャッシュフローで暮らしているからです。そのキャッシュフローさえ使わずに投資に回していることもあります。

著名な投資家ウォーレン・バフェットも、「株式投資の極意とは、いい銘柄を見つけて、いいタイミングで買い、いい会社であるかぎりそれを持ち続けること。これに尽きます」と語っています。また、経営コンサルタントでビジネス書作家の本田健さんによると、「お金持ちは、一生引き出さない口座をたくさん持っている」そうです。

「豊かさ」とは、一生使わない1億円を持ったうえで、その投資から得た利回りで暮らしていける状態のことです。たとえば利回りが3％なら、収入は300万円です。これが自由に使えるお金です。遊興費に使ってもいいし、再投資に使ってもかまわない。生活費の足しにすることも可能です。

この感覚を身につけておくと、ミリオネア・マインドに一歩近づくことができます。

1-2 小さな失敗からたくさんのことを学ぶ

投資において大事なマインドセットは、「小さな失敗をおそれない」ことです。投資にはリスクがあり、リスクを100%避けることができない以上、失敗もなくすことはできません。しかし失敗を小さなものにして、そこから学ぶことはできます。小さな失敗は授業料だと考えればいいのです。

投資の話をしても、失敗をおそれるあまり動けない人はたくさんいます。そういう人にはまずマインドセットが必要です。

私の好きな言葉に、「やる、やらないは自分が決めること。できる、できないは神様が決めること」というのがあります。何か課題に取り組むとき、できるかできないか、成功するかしないかは、やってみないとわかりません。わからないことをいまから気に病んでもしかたがありません。自分にできることは、やると決めたら徹底的にやる、ただそれだけ。

その結果がよければそれでよし、よくなかったら自分のやり方が間違っていたのか、努力が足りなかったのかを反省するだけです。

「人事を尽くして天命を待つ」という言葉もありますが、これも人としてやれることをすべてやり尽くし、あとは天の運命に任せるということで、意味としては同じです。

先が見えないとどうしても不安になり、悩んでしまいがちになります。ですが、自分がコントロールできないことはどんなに悩んだところでどうなるものでもありません。それより大事なことは、貫徹してこそ見えてくるものがあることを信じて、自分の力が及ぶかぎりやってみることに尽きます。

失敗はミスか、経験・教訓か

また、失敗をミスと考えるか、次の機会のための経験と考えるかでも違ってきます。いまの時点ではミスでも、あとになってみればミスではないかもしれない。怪我の功名で、そのとき判断ミスをしたために結果がよいほうに転んだということもあり得るのです。

判断ミスを好転させるためにすべきことは、まずリカバリー対策です。判断ミスによる影響がこれ以上大きくならないように、早急に手を打つ必要があります。

もう一つは、ミスではなく教訓だと考えるのです。そのミスが将来に向けて教訓になり役に立つのであれば、一概にミスとはいえません。見方や意味合いを変えるだけで、ミスがミスでなくなりポジティブなものになる。「失敗は成功のもと」といいますが、その失敗をしたから次の成功に結びつくこともあるのです。

そう考えれば、判断ミスをしたからといって悔やんだり落ち込んだりする必要はなく、前向きにとらえることができます。そういうマインドセットをすることで、投資を必要以上におそれることなく進めていけるのです。

1-3 コンティンジェンシープランを考えておく

テレビを見ていたら、取材を受けていた漁師が「お父さんを継いで漁師になりたい」という高校生の息子に、「漁師は継がんでいい。もっと安定したサラリーマンになれ」と話していました。

いやいやお父さん、サラリーマンが安定しているというのは昔の話です。

漁師の仕事がきつく収入も不安定なので息子には継がせたくないという気持ちはわかります。しかしサラリーマンになっても、終身雇用制は崩壊し、リストラもめずらしくありません。名の知れた大企業でさえ、入社すれば一生安泰という時代は幕を閉じました。

こんな時代にサラリーマンになるのは、以前よりリスクの高い選択になっています。漁師もリスクは高いかもしれませんが、自分の腕で稼げるので自由度が高いのではないでしょうか。

それでもサラリーマンになることを否定はしませんが、会社に依存しようという考えならやめたほうがいい。会社に属すというスタンスではなく、自分の技術やスキルを会社に売るというスタンスで考えるべきでしょう。それならば万が一、会社が傾いても別の会社に乗り換えることができます。

個人的な緊急時対応計画がものをいう

さらに大事なのは、漁師にしてもサラリーマンにしても体が資本ですから、体が動かせなくなったときのコンティンジェンシープランを立てておくことです。

コンティンジェンシープランとは、直訳すれば緊急時対応計画で、不測の事態に備えて対応策や被害を最小限に抑えるプランのことです。通常は会社が立てるプランですが、これを個人的に立てておくのです。

たとえば、病気やケガで働けなくなったらどうするか。当面は貯金の取り崩しや保険で対応できても、長期にわたる場合は限度があります。そんなときに不労所得があれば、支えになり心強いでしょう。株式・証券の配当所得や不動産の賃貸所得などがそれにあたります。これらは自分が働けなくなっても自動的に入金が期待できる所得です。

これからは職業が何であれ、つぶしのきく技術やスキルを持っていること、いざという時のコンティンジェンシープランを持っていることが、経済的に安定した状態といえるのです。

1-4 予備費という考え方を持っておく

会社で予算を組むとき、「予備費を見込んでおく」ということをやります。予備費とは、使うかどうか決まっていないけれど、何かあった場合に備えてあらかじめ積んでおく費用のことです。

実際に精算したときに、予想しない費用が発生したとしても、予備費を積んでおけばその分は吸収できます。その費用が発生しなければ、それだけコストが下がり、利益が増えます。つまり、あらかじめ余裕を見込んでおくということ。この考え方は、投資においても使えます。

何か費用が発生すると見込まれるとき、たとえばワンルームのエアコンが壊れて修理か更新をしなければならないときに、10％程度の予備費を積んでおけば、予想以上に費用がかかったときのバッファ（ゆとり）になります。不意の費用がかからなければ、予備費分はそのまま浮くので、貯めておくなり別のことに使うなりできます。

効果があるのは、財政面だけではありません。精神面でも効果があります。たとえば支払いをするとき、予算オーバーだと余裕がなく何か損をした気になりますが、予備費を積んでおけば想定内なので「まあいいか」と、うろたえることなく対処できます。

こうした余裕を財政面と精神面で持っておくと、ちょっとした出費にはうろたえることがありません。不動産投資では、順調に行っているときは何もせず、ほったらかしでもよいのですが、トラブルが起きた場合に備えて財政面と精神面でバッファをつくっておき、対処できるようにしておくことが大事です。

1-5 「大数の法則」を意識する

投資をしていると、うまくいくときもあればうまくいかないときもあります。そんなときに対応する考え方として、**「大数の法則」を意識する**のも一つだと思います。

「大数の法則」とは、確率論・統計学における基本定理の一つです。

たとえば、コインを投げると表か裏のどちらかが出ますが、その確率は2分の1です。しかし、数回投げただけではどちらかに偏って出ることがあります。表が5回連続して出ることもあり得ます。けれども回数を多くしていくにつれ、そうした偏差は解消され、かぎりなく2分の1の割合に近づいていきます。

これを応用すると、たとえば、

- うまくいったときは、たまたまうまくいっただけかもしれないし、同じことを繰り返しているとそのうちうまくいかないことが多くなるかもしれない
- うまくいかなかったときは、たまたまうまくいかなかっただけかもしれないし、何度もトライしているとそのうちうまくいくことも増えていくかもしれない

と考えるのです。

- うまくいったときは、それに安心してうぬぼれていないで、勝って兜の緒を締める自戒とする
- うまくいかなかったときは、そのことに失望したり挫折したりせず、あきらめずに努力する励みとする

その前提としては、「大数の法則」が働くほど何度も繰り返すことが必要です。そうすればリスクが30％であれば、最初はリスクの高いほうや低いほうに振れたとしても、最終的には30％に近づいていくはずです。

投資人生においては、投資の回数はかなり多くなるので、十分に大数の法則が使えます。

要はうまくいったとかいかないとかで一喜一憂しないことです。これも長期投資において大事な考え方です。

1-6
投資はリアリスト思考で！

投資をする際に大事なのは、リアリスト思考です。これに対する考え方を私はロマンチスト思考と呼んでいます（左ページ図参照）。

想像上で「ああなりたい、こうなりたい」と考えるロマンチスト思考はよいことですが、投資をするうえでは害悪です。投資とは、より高い価値のあるものにお金が集まっていき、そうでないものからは引いていく真剣勝負の場で、そこにロマンティックなおとぎ話の入る余地はないからです。勉強もせず投資を始めて損した初心者や詐欺話にだまされた被害者などは、例外なくロマンチスト思考です。

リアリスト思考というと、なにやら冷徹でお金のことだけしか頭にないというイメージがあるかもしれませんが、ときには凶暴な牙をむく市場から自分を守り育ててくれる思考なのです。これから投資をする人、あまりよくわからないまま投資を始めた人は、ぜひリアリスト思考を身につけるようにしてください。

あなたは「ロマンチスト思考」それとも「リアリスト思考」

ロマンチスト思考
一発当てて一攫千金を夢見ている
好調時の相場はいつまでも続くものだと思っている
ネット情報や他人の噂話をそのまま信じてしまう
みんながやっているから自分もやってみたいと思っている
うまい儲け話があると思っている

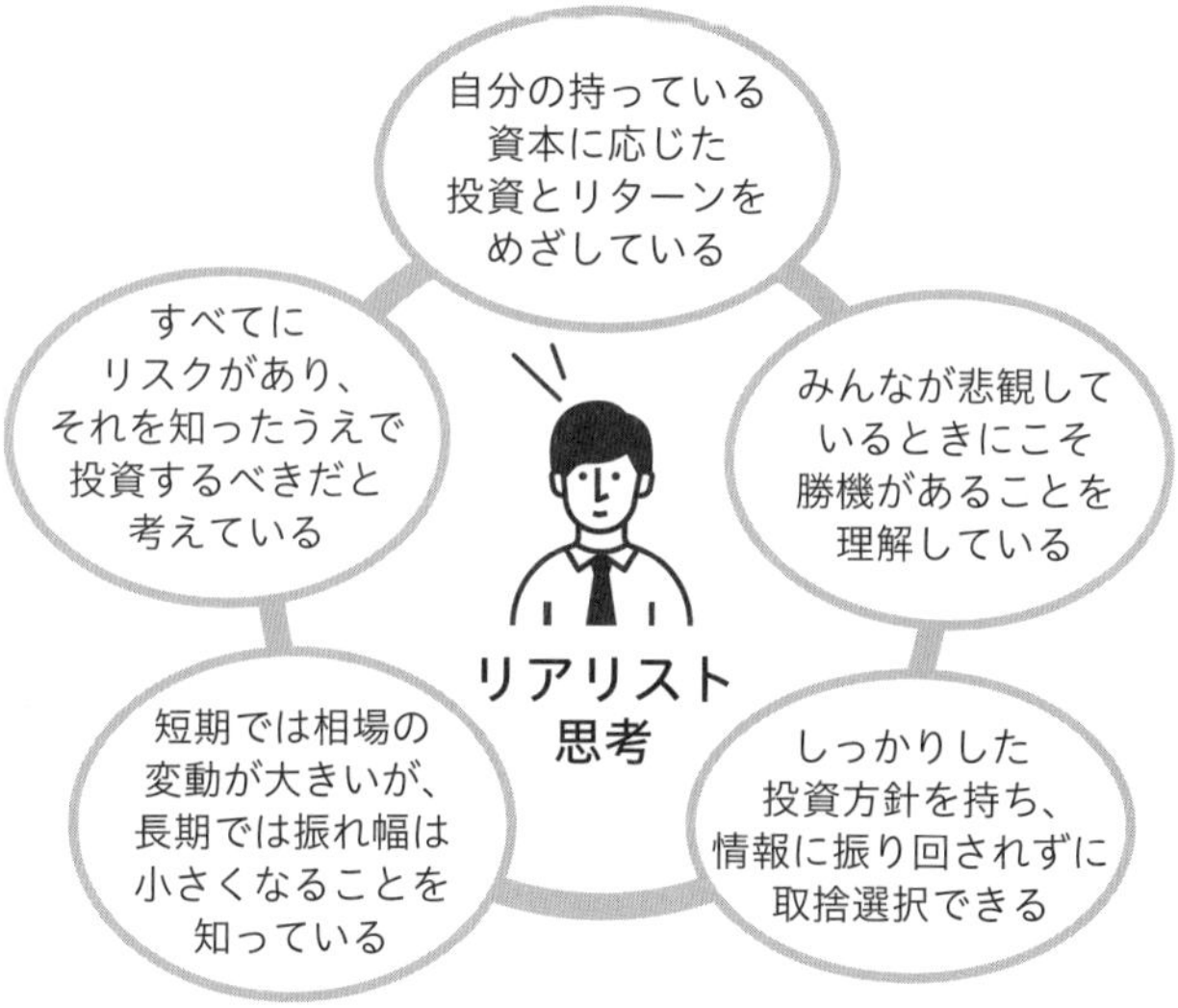
リアリスト思考
自分の持っている資本に応じた投資とリターンをめざしている
みんなが悲観しているときにこそ勝機があることを理解している
しっかりした投資方針を持ち、情報に振り回されずに取捨選択できる
短期では相場の変動が大きいが、長期では振れ幅は小さくなることを知っている
すべてにリスクがあり、それを知ったうえで投資するべきだと考えている

1-7
お金持ちは〝見えないところ〟にいる

あなたの周りにお金持ちはいるでしょうか。あまり見たことはないかもしれません。よく、「お金持ちは見えないところにいる」といわれます。

たとえばスーパーでレジを打っている店員より、裏のオフィスで商品や売上げの管理をしている店長のほうが年収が多い。ただ、店長も1日何回かは店に出たりします。それに比べ、スーパーの経営をしている役員は、本社にいてほとんど店には顔を出しません。しかし、年収は店長さんより多い。

さらに、そのスーパーにオーナーとか大株主がいた場合、本社にさえ滅多に顔を出さず、年に一度の株主総会ぐらいしか出てこないのに年収はさらに多い。

年収が多いほど一般の人の目にはつかないことから、「お金持ちは見えないところにいる」といわれるのです。

あなたが人の目につく現場で働いているかぎり、年収の伸びには限界があり、お金持ちになることはありません。

意識レベルを上げ、経営や投資に軸足を移していく

お金持ちへの階段を昇るということは、だんだん人の目につかない立場になっていくこと。言葉を換えれば、対面でお客の相手をするより、経営資源の管理を考えたり、売る仕組みを考えたり、経営戦略を考えたりする仕事のほうが儲かるということです。

ところが多くの人は、なかなかそこまで意識の転換ができません。店員でも仕事を続けていれば、そのうち店長とか課長、部長くらいにはなるかもしれません。管理者としてそこそこ年収は上がるけれど、たいていはそこまでで終わる。そこから先は、もう一段意識レベルを上げる必要があるのです。

だからといって、最初から現場で働くのを飛び越して役員やオーナーのレベルに行くことはできません。やはり現場で叩き上げないと地力は身につかないものです。2代目のように親の七光りで継いだとしても、基盤ができていないから何かあるとすぐにつぶれてしまうことにもなりかねません。

大事なことは、現場で汗をかくことから始めて実力を磨き、ステップを着実に踏んで管

理をする仕事に移行しつつ、ある時点からは意識レベルを上げて経営や投資に軸足を移していくことなのです。

もちろん現場の仕事はなくてはならないものであり、多くの人が誇りをもって従事しています。決して現場の人を見下しているわけではありません。しかし、資本主義社会における お金持ちはそうやってできているのです。

その点、投資家も現場からは見えない存在であり、オーナーとして間接的に投資先の企業や所有する不動産の経営にたずさわっています。このことに意識レベルで気づけるようになることが、投資家への一歩になるのです。

1-8 最善を望み、最悪に備えよ

私のモットーの一つに、

「Hope for the best, and prepare for the worst.」

という言葉があります。「最善を望み、最悪に備えよ」という意味です。

人生においても投資においても、最善を望むのは当然です。しかし、現実は思いどおりにいくことばかりではありません。それどころか思いどおりにいかないことのほうが多いものです。そういう現実を見据えずに最善を望むだけだったら、ただのポジティブ馬鹿、ロマンティックな愚か者です。

投資家に必要なリアリスト思考では、人生にも投資にも何が起こるかわからないから、あとで「想定外だった」と後悔しないように、最悪の状態も想定内に入れておきます。前述したコンティンジェンシープランも予備費も大数の法則も、それに対処するための考え方です。

もっとも、最悪に備えるといっても、完全にカバーできるわけではありません。その場合にはどうすべきか？　覚悟を決めておくことです。やるだけやって、それでもだめだったら最悪の状況を受け入れる覚悟をする。それでパニックは避けられます。

しかし皮肉なことに、最悪の状況を覚悟した場合に、本当に最悪の状況になることはないものです。最悪の状況を回避する努力が実を結び、ＷＯＲＳＴではなくＢＡＤかＷＯＲＳＥで終わることが多いものです。

最悪を覚悟していた身から見れば、「悪い」とか「もっと悪い」というのは相当にハッピーなことです。「この程度でよかった」と、ありがたいと思えてくるものです。

人生においても投資においても、こうした姿勢で向きあうことが大事です。先に述べた「投資家はリアリストであるべきだ」というのは、投資家マインドとして必須の考え方だと思います。

2 投資は終生続くもの

投資は一時的にお金儲けをすることではなく、日々コツコツと、終生続けていくものです。投資スタイルが生き方といっても過言ではありません。

ドイツの宗教改革者マルティン・ルターに、「たとえ明日、世界が滅亡しようとも今日私はリンゴの木を植える」という言葉がありますが、投資も同様に、世界経済や社会の成長を信じ、その一部として参加する行為です。

2-1 老後資金の必要性を感じているか

「人生の3大費用」といわれるものがあります。

・教育資金
・住宅資金

の三つです。たしかにお金がかかります。

それでも教育資金と住宅資金は、まだサラリーマンとして現役のうちに使うのでやりようもあり、ローンも組めます。ところが、老後資金は現役のうちから手を打っておかないと、収入は年金だけの状態でお金が出ていくことになります。

・老後資金

総務省統計局が2021年に公表した「家計調査報告（家計収支編）」によると、65歳以上の夫婦のみの無職世帯の家計収支は、ひと月の収入が約25万円で支出が約26万円です。不足分は約2万円。2019年に金融庁の金融審議会による市場ワーキング・グループが公表したリポートで、「老後は2000万円が不足する」と騒がれるもとになった毎月5万円の不足よりは少ないのですが、それでも不足することに変わりはありません。

この不足をカバーするには、長く働き続けるか貯蓄額が1000万円程度はあることが必要です。しかし長く働き続けるのには体力面での限界があり、1000万円の貯金があったとしても、これを取り崩して残高が減っていくのは不安です。

では2000万円とか3000万円あれば安心かというと、やはり手元のお金が減っていくのは精神衛生上よくありません。心理的には、いくらお金を貯めてあっても、ただ減っていくだけでは不安になるものです。

懸念すべきは、これから続きそうな物価の高騰です。インフレが長引けば、想定していたより早く生活資金が底をつくかもしれません。また、人生には「上り坂、下り坂、まさか」の三つの「さか」があるといわれるように、「まさか」の事態にも備えなければなりません。病気、ケガ、介護、事故や災害など、保険である程度カバーできても何が起こるかわからないのが世の常です。

60歳をすぎたらローンも組みにくくなり、たとえ借りられたとしても返すのはたいへんです。自宅を担保にするリバースモーゲージなどの資金調達手段もありますが、誰でもできるというわけではありません。

かつては、定年退職後は余生と呼ばれたのが、長寿化したいまではセカンドライフ、第2の人生と呼ばれる時代です。「老後破産」という言葉があるように、本来豊かであるべき老後が、お金がないために悲惨なものになってしまっては、「なんのための人生か」となりかねません。

ですから、人生の3大費用の中でも特に老後資金は準備と対策が必要です。

使いたいことに使わないうちに、寿命がやってくる

もう一つの問題は、足りなくなるからと使わないでいると、使いたいことに使わないうちに寿命がやってくることです。せっかくお金を貯めたのに、我慢だけして使わないままなら、こんなにもったいないことはありません。

『DIE WITH ZERO』（ビル・パーキンス著　ダイヤモンド社）という本では、50歳くらいまでに貯めたお金を、人生を楽しむために徐々に使い、死ぬときにちょうど資産を使い切るのが理想と述べています。たしかに理想ですが、自分の寿命がわからないので、なかなかむずかしいでしょう。

これは貯蓄だけで考えているからそうなるのです。毎月入ってくる収入があれば、貯蓄を取り崩してもまた補充できます。あるいは貯蓄は取り崩さずその収入で暮らしていくことも可能です。不動産の家賃収入だったら毎月一定額が入ってくるので、貯蓄残高を気にすることなく好きなことに使うことができるのです。

このように、投資は保険以上に老後資金をカバーする力があります。体を使わなくてもお金が入ってくる不労所得のありがたさは、高齢になればなるほど実感するはずです。

2-2
幸せな老後に欠かせない「4K」

多くの人は定年が人生のゴールであり、それから先は余生だと思っています。だからなんのビジョンもなく、ただ退職金と年金をアテにして細々と生きていくことしか考えていません。

ところが、いまは平均寿命が80歳を超える時代。定年から20年以上もあるのです。健康であれば何かをやるのに十分すぎる期間です。隠居するにはまだ早すぎます。しかし何をやるにしても余裕資金がなければどうしようもありません。多少の蓄えがあったとしても、年金収入だけだったら暮らしていくだけで精一杯で、旅行や外食を楽しむこともできなくなります。

お金だけでなく、会社に行くこともないから孤独になる可能性も高くなる。動かないから体も衰弱していく。パートナーとも毎日顔を合わせていればストレスになる。そんな老後にならないために、「4K」を満たすことが必要なのです。

幸せな老後の「4K」

4Kとは、上図の4項目です。

年金は定年後の収入の拠りどころですが、それだけでは心もとないといわざるを得ません。年金プラスアルファの収入があってこそ、経済的余裕のある老後をすごせるのです。

定年後は体力も衰え、フレイルやサルコペニア、ロコモなど高齢化による身体機能や精神機能の低下が心配になってきます。ふだんから軽い運動や正しい食習慣で老化を先延ばしするようにしたいものです。

また、定年後は職場というコミュニティがなくなるので、何か生きがいになるものを探さなければいけません。趣味でもいいのですが、ボランティアなどの社会貢献や好きなことを仕事にするライフワークがあれば理想でしょう。

パートナーとも毎日顔を合わせますから、家事などお互いに助け合ってよい関係を維持しておきたいものです。夫婦仲がぎくしゃくしていたら、我が家も安住の地ではなくなります。

この４Ｋのどれか一つでも欠けることなくすごすことが大事です。定年後でも収入があり、健康を維持し、趣味などの生きがいがあり、家族や仲間と仲よくすごすこと。これらがそろって、幸せな老後を迎えることができるのです。

そのためには個人事業を副業にしておいたり、投資を積み立てておいたり、食生活に気をつけたり、運動を続けたり、趣味のサークルに入ったり、家族サービスを怠らなかったり、地域ボランティアに参加したりと、いまからやれることはたくさんあります。これらも広い意味では自己投資の一つです。自己投資に終わりはなく、終生続くものといっていいでしょう。

定年になってからあわてないように、遅くとも50歳をすぎたら準備をしておきたいものです。

2-3 投資は次の世代にも引き継がれる

投資というと、どうしてもネガティブなイメージが残っていて、やっていることをあまり知られたくないという人も多いことでしょう。私も、サラリーマン時代はマンション投資をしていることは口外せずにいました。これは変な噂ややっかみが広まることをおそれたからですが、少なくとも家族間では共有しておいたほうがいいでしょう。

マンション投資をしている人には、妻の理解が得られないのでこっそりやっている人もいるそうですが、夫婦で話し合って協力しながら資産形成を進めていくのが理想的です。

そのためには、ふだんから会話を絶やさず何でも話せる環境をつくっておくことが必要です。いままで投資の話をしたことがないのに、いきなり投資用マンションを買うなんて話をしたら、驚いて拒否反応を示すほうが当然です。

私の場合は、妻と将来の夢について話したり、そのためには投資が必要だよねと合意したり、一緒にセミナーに参加したりしていました。投資を始めたときも妻が資金管理をやってくれたので、家計に負担をかけずに進めることができました。
夫婦でやれば一人でやるより楽しく、共通の話題にもなります。子どもが自立して夫婦二人だけの生活になると会話も少なくなりがちですが、投資の話をすれば飽きることがありません。毎月1日に前月末の資産残高を一覧表にまとめ、「これが増えた。これは成績がイマイチだった」などと評価しあうのも恒例になっています。

また、自分が死んだとき資産は相続人である妻や子どもに行くことになりますが、生きているうちに話し合っておけば無用な混乱は避けられます。生前からこれだけの資産があると明示しておけば、相続税の申告漏れをすることはないですし、運用のしかたを伝えておけばどうしたらいいのか困ることもないでしょう。

私には二人の子どもがいますが、成人してからファイナンスやマンション投資の講座に何度か連れて行き、二人の子どもは投資信託の積み立てを始めました。また、折に触れ投資の話をするようにしています。

所有するワンルームも戸数を均等に分けることになるので、彼らにも管理や運用ができるように知識を授け、ブレーンである司法書士や税理士に引き継げるようにしています。投資は自分だけにとどまらず、次の世代にも続いていくものだと思っています。

2-4
年金受給時期の繰延べは、人生最後の好利回り投資

67歳にはなりましたが、年金をもらう必要もないのでまだ受け取っていません。年金は60歳から1カ月受給を先延ばしするごとに0・7%増えます。68歳まで待てば36カ月×0・7%＝25%増額されます。

人間いつ死ぬかはわからないので何歳まで先延ばしするかの判断はむずかしいところですが、年金受給額が月20万円であれば毎月5万円ほどの増額になり、それが死ぬまで続きます。75歳まで受給を先延ばしできますが、元気なうちに受け取らなければ意味がないので、68歳になったら受け取りを始めようと思っています。考えてみれば、これが人生最後の利回りのよい投資かもしれません。

年金を繰り延べする余裕があるのも、投資で収入を得て年金に頼らなくても暮らしていける経済基盤をつくったからです。それがなければ受給開始年齢で受け取るしかないでしょう。

年金受給は原則は65歳からですが、もっと早く60歳からでも受け取れます。しかしその場合は年金額が繰上げ月数1カ月当たり0・5％の割合で減額されます。もっとも早い60歳から繰上げ受給をした場合は60カ月×0・5％＝30％減額され、70％になります。年金の受給額が3割もカットされるのです。お金がないから年金受給を早めたのに、受給額がカットされたのでは泣きっ面にハチです。

お金とは不思議なもので、お金を持っていれば持っていない人よりもさらに有利な条件でお金が増えていくのです。著名投資家のウォーレン・バフェットに「投資はスノーボールのようなものだ」という言葉がありますが、収益を生む資産を核にして転がしていけば、雪だるまのようにどんどん大きくなっていくのです。

2-5 変化することを楽しむ

物事を判断するときに、常に気にかけているのは、「すべてのことは変わりゆく」ということです。古くは古典を見れば、方丈記の冒頭に、

「ゆく河の流れは絶えずして　しかももとの水にあらず　よどみに浮かぶうたかたは　かつ消えかつ結びて　久しくとどまりたるためしなし」

とあります。平家物語の冒頭には、

「祇園精舎の鐘の声　諸行無常の響きあり　沙羅双樹の花の色　盛者必衰の理をあらわすおごれる人も久しからず　ただ春の夜の夢のごとし　たけき者もついには滅びぬ　偏に風の前の塵に同じ」

とあります。すべてのものは移り変わりゆくのが自然の習わしなのです。

自然科学の面から見ても、一見留まっているように見えるものも、内部では激しく分裂や融合を繰り返し、表面上は動的平衡を保っているにすぎません。

これが自然の法則であり、ならば将来を見通すときも「変わらない」より「変化する」ことのほうが圧倒的に多いことは容易に予測できるはずです。ですから、将来の予測判断に迷ったら、変わるほうに賭けるのが合理的です。いまの経済状況にしても、2年後、3年後も同じ状況であるとは考えられません。

人も例外ではありません。変わってあたり前なのです。ところが、世の中には変わりたくない、変わろうとしない人が多い。そういう人は、できるだけ同じ状態に留まろうとするからムリが生じ、結局、環境に適応できず淘汰されていきます。

冷厳な事実ですが、肉体も変わります。若い人も20年、30年、40年と経つうちに中年、老年へと変化し、容姿も体力も衰えていきます。しかし、いつまでも若いと思い込み、なんの準備もしないまま老境へ突入していく人の何と多いことか……。

変わることが避けられないなら、自分から変わっていくことです。それが環境の変化に対応できる唯一の道。変化を楽しむことができれば、周りの風景も違って見えてくるはずです。

常にアンテナを立て、時局を読み、よりよい将来に向けてお金と時間という自己資本を投下していく。実った果実としての資産は、長い時間を経て大きくなり、残りの人生を潤してくれます。三つの投資は、それを実現するための実践的かつ効果的な方法なのです。

2-6
投資に必要な4M

三つの投資について、私なりの考え方やノウハウをお伝えしてきました。最後に、投資

投資に必要な4M

1.MIND（心のあり方）

投資を始めるには、まずはマインドセットする

2.MISSION（何のために投資するのか）

次に、何のために投資するのか、
ぶれない軸をしっかりつくる

3.MANAGEMENT（どう進めていくのか）

どのように進めていくのかを考え、実行する

4.MONEY（資産形成）

具体的な資産形成を進めていく

に必要なものとして、右図の四つのMを挙げておきます。

これを見てわかるように、お金は4番目です。まず大事なのは心のあり方。それから投資の目的。そして3番目に投資をどう進めていくのかを考え、最後にお金という資本を投下するのです。

お金ファーストでやると、投資をしても失敗します。ただ儲けたいという思いだけでは、リスクの高い商品に手を出したり詐欺話に引っかかったり、一時的な市場の変動で恐怖に駆られて大切な資産を手放してしまうことになるのです。そうならないために、この四つのMを自分の中に構築することが大事です。

ネットやSNSには投資に関する情報があふれています。しかし、その多くは「どうしたら儲かるか」のノウハウ情報で、それを真似ても多くの人が群がっていて、レッドオーシャンの中に飛び込んでいくようなものです。

そうではなく、あなた自身のスタンスで投資に向きあい、あなたの考える投資方針に合った投資をすることが大事であり、成果も出すことができるのです。

序章の「なぜ、投資をするのか」で述べたように、経済活性化の一助となり自己実現をかなえることも投資の目的として重要です。ぜひ、あなたにとっての四つのMを構築していただき、投資家への一歩を踏み出してみてください。

おわりに

この本は、前著『サラリーマンは50歳からがマンション投資の始めどき』で書ききれなかったことを書きました。前著を読んでくださった方であれば、さらに理解がしやすいのではないでしょうか。また、実践編としても使っていただけます。前著をまだ読んでいない方にもわかるようにまとめたつもりですが、本書を読んで前著を読んでいただければ、私が投資によって経済自由人になったいきさつがおわかりいただけると思います。

私のロールモデルの一人である経営コンサルタントの小宮一慶さんは、著書『あたりまえのことをバカになってちゃんとやる』（サンマーク出版）の中で、「散歩のついでに富士山に登った人はいない」と語っています。

富士山に登るためには、それなりの準備を整えなければなりません。最近では軽装、サンダル履きで弾丸登山をする人もいるようですが、天候が急変したら命にかかわります。富士山に安全に登るには、ルートを調べ、食糧を準備し、服装や道具をそろえ、当日の天気や体調を見計らって出発する必要があるのです。

人生においても、なりたい自分というゴールに向かって計画を立て、実行して実績を積み重ねなければ、とても到達することはできません。それなのに、明確な目標も持たず日々をなんとなくすごしている人もたくさんいます。

愚痴をいっても始まりません。政府が悪い、会社が悪い、上司が悪いと考える他責思考では永遠に幸せにはなれません。なぜなら政府も会社も上司もあなたが思っているように変えることはできないからです。変えられるのは自分だけです。自分を変えることによって周囲も変わっていくのです。

本書で述べた自己投資は、自分を変える作業でもあります。自己投資によって自信をつけ、付加価値を高めていく。自己投資で得た知識は、仕事以外にもさまざまな分野で応用できます。その一つが証券投資であり、不動産投資なのです。投資の段階を登ってきたら、どんなリスクにも対処できるはずです。リスクを避けて投資をむやみにおそれるとか、リスクを軽視してギャンブルとするようなことはないでしょう。

何に投資するか、誰にとっても共通する正解はありませんが、その人にとっての最適解は必ずあります。自分の資金力、リスク許容度、時間や人的資本の資源配分に合った投資対象を見つけていただければと思います。

本書で述べたことは、特別な才能も要らない、私にもできた方法です。王道の誰にでもできる方法です。ただし、前著にも書いたように、成功する秘訣は「誰にでもできる簡単なことを、誰にもできないレベルでやること」です。

誰にもできないレベルとは、何も「すごいことをしろ」といっているのではありません。継続することです。一定期間継続する人は全体の5％にすぎません。10年間継続する人は1％程度でしょう。多くの人が継続できずに脱落していくのですから、あなたは勝とうとしなくても継続するだけで、不戦勝状態で勝ち残っていけるのです。

この継続こそが「誰にもできないレベル」です。コツコツとあきらめずに地道に努力を続けている人だけが成功者になれるのです。あなたがその一人になることを期待してやみません。

本書を読んで、投資に対する思い込みや偏見が少しでも払拭されたら、著者としてこれほどうれしいことはありません。さらに、投資に一歩踏み出す人が一人でも多く出てきたら、数カ月を費やして本書を執筆した甲斐があったというものです。ご感想、ご意見、ご報告などお寄せいただければ幸いです。

２０２４年12月

木下　尚久

木下 尚久（きのした　たかひさ）

合同会社ミケア・ジャパン代表社員。

1957年生まれ。法政大学法学部を卒業後、輸送用機器製造会社に勤務。2005年に子会社に出向したのを契機に、これまでのサラリーマン人生に疑問を抱き自己投資を始める。その後、証券投資を経て2010年、53歳から不動産投資を開始し、その後10年で都心の中古ワンルームマンション16戸のオーナーとなる。年間家賃収入は1400万円。サラリーマンとしても取締役まで昇進し2021年に退職。退職後は、自身で設立した不動産管理会社ミケア・ジャパンを経営するかたわら、多くの人に投資が人生を変えることを知ってもらいたいとの思いから、本の執筆やセミナー講演などでの啓蒙活動にも力を入れている。著書に本書のほか『サラリーマンは５０歳からがマンション投資の始めどき』（アーク出版）がある。

Instagram　takahisa_kinoshita

給料・年金以上の家賃収入も夢じゃない!!
3つの投資でめざせ「サラリーマン資産家!」

2025年1月30日　初版発行

■著　者　木下　尚久
■発行者　川口　渉
■発行所　株式会社アーク出版
〒102-0072　東京都千代田区飯田橋2-3-1
東京フジビル3F
TEL.03-5357-1511　FAX.03-5212-3900
ホームページ　http://www.ark-pub.com
■印刷・製本所　新灯印刷株式会社

落丁・乱丁の場合はお取り替えいたします。

ISBN978-4-86059-251-6